21世纪立体化中等职业学校规划教材·财经系列

新编企业财务会计实训

(第2版)

于 坤 主 编
董志刚 潘 凯 副主编

電子工業出版社
Publishing House of Electronics Industry
北京·BEIJING

内 容 简 介

本书是21世纪立体化中等职业学校规划教材，是财务会计学科的配套教学用书。本书适应了会计制度改革对会计教材更新换代的需要，是为满足中等职业学校人才培养和全面素质教育的需要，并结合新会计准则而编写的。

本书分为货币资金及应收预付款项核算实训，存货核算实训，投资核算实训，固定资产核算实训，无形资产核算实训，负债核算实训，所有者权益核算实训，收入、费用、成本、税金、利润核算实训，会计报表核算实训和综合实训10个模块。

本书可作为中等职业学校的财会专业和财经类相关专业的教材，也可作为财会专业短期培训用书。

图书在版编目（CIP）数据

新编企业财务会计实训 / 于坤主编 .--2 版 .--北京：电子工业出版社，2013.8
21世纪立体化中等职业学校规划教材 . 财经系列
ISBN 978-7-121-20525-5

Ⅰ. ①新…　Ⅱ. ①于…　Ⅲ. ①企业管理－财务会计－中等专业学校－教材　Ⅳ. ①F275.2

中国版本图书馆 CIP 数据核字（2013）第 110620 号

策划编辑：陈虹
责任编辑：陈虹　　　　特约编辑：胡伟卷
印　　刷：北京市海淀区四季青印刷厂
装　　订：三河市皇庄路通装订厂
出版发行：电子工业出版社
　　　　　北京市海淀区万寿路173信箱　邮编100036
开　　本：787×1 092　1/16　印张：17.75　字数：454.4千字
版　　次：2009年2月第1版
　　　　　2013年8月第2版
印　　次：2015年5月第2次印刷
印　　数：2 000册　定价：34.00元

凡所购买电子工业出版社图书有缺损问题，请向购买书店调换。若书店售缺，请与本社发行部联系，联系及邮购电话：（010）88254888。

质量投诉请发邮件至 zlts@phei.com.cn，盗版侵权举报请发邮件至 dbqq@phei.com.cn。

服务热线：（010）88258888。

第 2 版前言

财政部 2006 年发布的《企业会计准则》，适应了市场经济条件下对会计信息多元化的要求，适应了经济全球化下会计准则国际趋同的世界潮流，给我国会计制度的深入改革注入了新的生机与活力。为了适应会计制度改革对会计教材更新换代的需要，我们组织了有多年实践经验的老师精心编写了《新编企业财务会计实训》。该书出版后，受到广大师生的欢迎、认可及支持。

在《新编企业财务会计实训》的编写过程中，我们本着“以能力为本位，以学生为主体，以实践为导向”的指导思想，根据职业教育学生活泼、动手能力强的特点，努力践行“教中做、做中教、教做合一，学中做、做中学、学做合一”，促使学生想学、爱学、乐学。该书与财务会计课程内容紧密结合，为了强化学生的实际操作能力，每个模块都有原始凭证出现；为了提高学生的学习兴趣，增加学习趣味性，每个模块都增设了相关链接、小知识、小思考、小提示、课后延伸、温馨提示、课后思考等内容，以拓展学生的知识面。

本书是在《新编企业财务会计实训》第 1 版的基础上修订而成的。第 2 版的特色主要体现在以下几个方面：其一，将企业概况放在最前面，每个模块前不再放企业概况资料；其二，根据税法的改革，对有些业务题进行了调整；其三，删去了一部分业务，又增加了部分业务。本书体系新颖、结构严谨，深入浅出、通俗易懂，适用性强、适用面广。

本书由于坤担任主编，董志刚、潘凯担任副主编。具体分工如下：模块 1 由王飞编写；模块 2 由林冬梅编写；模块 3 由王喜艳编写；模块 4 由杜春明编写；模块 5 由潘凯编写；模块 6 由刘晶编写；模块 7 由孙丽君编写；模块 8 由高元香编写；模块 2 中的商品存货核算、模块 4 中的在建工程拓展核算、模块 8 中的成本核算、模块 9、模块 10 由于坤编写；参加视频制作的有王磊、张立梅、薛秀娟、闫舒娟，由汪垚配音；全书由于坤统稿。

由于编写水平有限，错误之处在所难免，敬请读者批评指正。

编　者

注意：为了方便教学，使用本书的学校，填写书后所附教学资源索取表并发回后，可获赠配套光盘一张。

第1版前言

随着改革开放和社会主义市场经济的发展，会计日益显示出其重要地位。经济越发展，会计越重要。近年来，《企业会计准则》、《企业会计制度》的发布与实施，给我国会计制度的深入改革注入了新的生机和活力。为了适应会计制度改革对会计教材更新换代的需要，我们组织了有多年实践经验的老师精心编写了这本《新编企业财务会计实训》教材。

该教材本着“以能力为本位，以学生为主体，以实践为导向”的指导思想，根据职业教育学生活泼、动手能力强的特点，努力践行“教中做、做中教，教做合一；学中做、做中学，学做合一”。本教材有以下特色。

1. 贴近实际

根据企业中会计工作的具体分工，设置了不同的模块，设置了会计人员角色。每个模块实训都以实际工作中的原始凭证出现，使学生如身临其境，养成勇于实践、善于实践的好习惯，为学生的职业生涯发展奠定良好的基础。

2. 能力为本

既有分岗位模块实训，培养学生分析问题、解决问题的能力，又有综合实训，用以提高学生全面处理会计业务的综合能力。

3. 因材施教

根据中职学生的现有状况，设计了大量针对性强、简明易懂、由浅入深的会计实务案例，强化学生对会计理论知识的理解，提高他们对会计业务的处理水平。

4. 体例活泼

本书配有模块认识、课前热身、相关知识点、拓展训练等特色段落，版面设计活泼，更配有视频教学光盘，因而有利于提高学生的学习兴趣，促使学生想学、爱学、乐学。

本书由于坤任主编，王润杰、李凤芹任副主编。参加本书编写的有林冬梅、潘凯、高元香、孙丽君、杜春明、王飞、刘晶、王喜艳；参加视频制作的有王磊、张立梅、薛秀娟、于蕴辉、闫舒娟、夏海兰，汪垚对视频做了配音。全书最后由于坤统稿，林冬梅录排。

本书在编写过程中得到了北京电子工业出版社胡伟卷老师和吉林通化财经学校领导的具体指导和帮助，在此一并表示感谢。

由于编写水平有限，书中如有不当之处，敬请读者批评指正。

编　者

目　录

实训资料

企 业 概 况

企业名称	北京通益有限责任公司	**法定代表人**	华裔
注册地址	北京市王府井大街119号	**注册资本**	900万元
企业类型	有限责任公司	**经营范围及主要产品**	日用产品
经营方式	生产销售	**开户行**	中国工商银行北京市朝阳分理处
账　　号	010123450000056888	**税务登记证号**	010543213337789
纳税人类型	一般纳税人	**增值税税率**	17%
企业组织机构：下设两个基本生产车间、厂部办公室、供应部、销售部等			

模块 *1*

货币资金及应收预付款项核算实训

模块认知

货币资金是指企业在生产经营过程中处于货币形态的资产，包括库存现金、银行存款和其他货币资金。

应收及预付款是指企业在日常生产经营过程中发生的各项债权，包括应收款项和预付款项。应收款项包括应收账款、应收票据、应收利息、应收股利和其他应收款等；预付款项是指企业按合同规定预付的款项，如预付账款等。

通过本模块实训内容的练习，使学生能识别与货币资金和应收及预付款项相关业务的原始凭证，能准确填制记账凭证，掌握货币资金收付业务的核算，掌握库存现金和银行存款日记账的登记方法，掌握应收及预付款项等往来业务的核算，以及发生坏账的确认和会计处理的方法。

“我是出纳员，我负责企业货币资金增减业务的处理，对于货币资金的核算，我要做到日清月结。我不仅要及时填制现金及银行存款的收付款凭证，同时还要登记现金及银行存款日记账。”

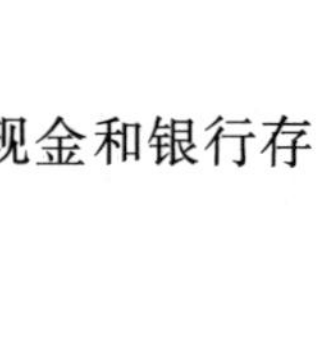

课前热身

1. 准备收款、付款、转账凭证或通用式记账凭证，科目汇总表，库存现金和银行存款日记账账页。
2. 复习借贷记账法、科目汇总表的编制方法、日记账的登记方法。

实训要求

1. 根据原始凭证编制收款、付款、转账凭证或通用式记账凭证。
2. 根据记账凭证按月编制科目汇总表。
3. 根据原始凭证和记账凭证登记“库存现金”和“银行存款”日记账。

实训1.1　货币资金核算演练

业务资料

北京通益有限责任公司（以下简称通益公司）2012年12月1日“库存现金”账户余额为3 590元，“银行存款”账户余额为397 000元，原材料采用实际成本计价。12月份发生下列货币资金收付业务。

1）12月1日，从银行提取现金备用。其相关原始凭证如图1.1所示。

2）12月2日，以现金购买办公用品。其相关原始凭证如图1.2、图1.3所示。

3）12月3日，从外地购入材料一批，运费由供货方负担，材料未到。其相关原始凭证如图1.4、图1.5、图1.6、图1.7所示。

4）12月5日，采购员高广明预借差旅费。其相关原始凭证如图1.8所示。

5）12月6日，销售产品一批，收到转账支票并存入银行。其相关原始凭证如图1.9、图1.10所示。

6）12月8日，从银行取得一年期贷款。其相关原始凭证如图1.11所示。

7）12月9日，以银行存款交付上月增值税、城市维护建设税和教育费附加。其相关原始凭证如图1.12、图1.13所示。

8）12月11日，给予职工王永民困难补助，用现金支付。其相关原始凭证如图1.14所示。

9）12月12日，向银行开出现金支票，用以支付职工工资。其相关原始凭证如图1.15、图1.16所示。

10）12月13日，预收北京阳光公司购货款。其相关原始凭证如图1.17所示。

11）12月15日，当日现金清查发现长款，原因待查。其相关原始凭证如图1.18所示。

12）12月15日，采购员高广明报销差旅费。其相关原始凭证如图1.19所示。

13）12月16日，销售产品一批，收到现金存入银行。其相关原始凭证如图1.20、图1.21所示。

14）12月18日，签发转账支票一张，向本市安康敬老院捐款。其相关原始凭证如图1.22所示。

15）12月22日，签发转账支票，支付本月职工养老保险和失业保险金。其相关原始凭证如图1.23、图1.24、图1.25所示。

16）12月23日，以现金支付车辆通行费。其相关原始凭证如图1.26所示。

17）12月25日，办理银行汇票手续。其相关原始凭证如图1.27所示。

18）12月27日，签发转账支票支付公司电费。其相关原始凭证如图1.28、图1.29所示。

19）12月29日，以现金支付销售货物运费。其相关原始凭证如图1.30所示。

20）12月30日，收到南安公司兑付商业汇票款。其相关原始凭证如图1.31所示。

图 1.1

中国工商银行
现金支票存根
00000001

附加信息

出票日期：*2012* 年 *12* 月 *01* 日

收款人：	北京通益有限责任公司
金　额：	*¥3000.00*
用　途：	备用金

单位主管　　　会计

小思考：填写支票时，支票的日期该如何填写？

图 1.2

现金支出凭单

附件 *1* 张　　*2012* 年 *12* 月 *02* 日　　第 *121* 号

用款事项：购买办公用品

人民币（大写）：叁佰玖拾元整　　¥ *390.00*

收款人	主管人员	会计人员	出纳员付讫	现金付讫
（签章）	（签章）	（签章）	（签章）	

图 1.3

北京市国家税务局通用机打发票

发票联

发票代码 11100082111

开票日期：2012 年 12 月 02 日　　发票号码 0511098

货物或应税劳务名称	规格型号	单　位	数　量	单　价	金　额
稿纸		本	50	2.50	125.00
碳素笔		支	50	1.30	65.00
计算器		个	10	20.00	200.00
顾客名称及地址	北京通益有限责任公司				
合计金额（大写）	⊗叁佰玖拾元整			合计金额（小写）	¥390.00
开票人		收款人		税务登记号	

图 1.4

河北增值税专用发票

发　票　联

全国统一发票监制章 国家税务总局监制

开票日期：2012 年 12 月 03 日

购货单位	名　　称：北京通益有限责任公司 纳税人识别号：010543213337789 地址、电话：北京市王府井大街 119 号　010－12345678 开户行及账号：工行北京市朝阳分理处 010123450000056888				密码区	（略）	
货物或应税劳务名称	规格型号	单位	数量	单价	金额	税率	税额
A 材料		千克	1000	100.00	100000.00	17%	17000.00
合　计					¥100000.00		¥17000.00
价税合计（大写）	⊗壹拾壹万柒仟元整				（小写）¥117000.00		
销货单位	名　　称：保定玉华公司 纳税人识别号：001458963544457 地址、电话：保定市柳明街 23 号　0312－81234567 开户行及账号：中行保定市支行 000242499874				备注	保定玉华公司 001458963544457 发票专用章	

收款人：　　复核：　　开票人：　　销货单位（章）

第二联　发票联　购货方记账凭证

图 1.5

中国工商银行电汇凭证（回单）　　1

☑普通　□加急　　委托日期 2012 年 12 月 03 日

汇款人	全　称	北京通益有限责任公司	收款人	全　称	保定玉华公司
	账　号	010123450000056888		账　号	000242499874
	汇出地点	省北京市/县		汇入地点	河北省保定市/县
汇出行名称		工行北京市朝阳分理处	汇入行名称		中行保定市支行

金额	人民币（大写）	亿	千	百	十	万	千	百	十	元	角	分
	壹拾壹万柒仟元整			¥	1	1	7	0	0	0	0	0

中国工商银行北京市朝阳分理处 2012.12.03 转 讫 汇出行盖章	支付密码 附加信息及用途：支付货款 复核　　记账

此联是汇出行给汇款人的回单

图 1.6

中国工商银行现金管理收费回单

2012 年 12 月 03 日　　　　传票号（略）

付款人户名	北京通益有限责任公司				
付款人账号	010123450000056888		开户行名称	工行北京市朝阳分理处	
业务种类	电汇手续费				
收费项目	收费基数标志	费　率	交易量	交易金额	收费金额
电汇手续费					0.50
金额（大写）	伍角整				

日期：2012 年 12 月 03 日　　日志号：　　交易码：　　币种：
金额：　　终端号：　　主　管：　　柜员：

图 1.7

中国工商银行现金管理收费回单

2012 年 12 月 03 日　　　　传票号（略）

付款人户名	北京通益有限责任公司				
付款人账号	010123450000056888		开户行名称	工行北京市朝阳分理处	
业务种类	电汇手续费				
收费项目	收费基数标志	费　率	交易量	交易金额	收费金额
电汇邮电费					10.00
金额（大写）	壹拾元整				

日期：2012 年 12 月 03 日　　日志号：　　交易码：　　币种：
金额：　　终端号：　　主　管：　　柜员：

图 1.8

借 款 单

2012 年 12 月 05 日

借款单位：供应科		
借款理由：采购		
借　　款：（大写）叁仟元整　　¥3000.00		
本单位负责人意见：同意　　借款人：高广明		
会计主管核批：	付款方式：现金	出纳：　现金付讫

图1.9

北京增值税专用发票

（全国统一发票监制章 国家税务总局监制）

记　账　联　　　　开票日期：2012年12月06日

购货单位	名　　称：北京万象公司 纳税人识别号：010125697458697 地址、电话：北京市昌平区花园路11号　010－86119988 开户行及账号：建行北京市支行 000927820012					密码区	（略）	
货物或应税劳务名称	规格型号	单　位	数　量	单　价	金　额	税　率	税额	
丙产品		台	300	1000	300000.00	17%	51000.00	
合　计					¥300000.00		¥51000.00	
价税合计（大写）	⊗叁拾伍万壹仟元整					（小写）¥351000.00		
销货单位	名　　称：北京通益有限责任公司 纳税人识别号：010543213337789 地址、电话：北京市王府井大街119号　010－12345678 开户行及账号：工行北京市朝阳分理处 010123450000056888					备注	北京通益有限责任公司 010543213337789 发票专用章	

第三联　记账联　销货方记账凭证

收款人：　　复核：　　开票人：　　销货单位（章）

图1.10

中国工商银行 进 账 单（收账通知）　　3

2012年12月06日

出票人	全　称	北京万象公司	收款人	全　称	北京通益有限责任公司
	账　号	000927820012		账　号	010123450000056888
	开户银行	建行北京市支行		开户银行	工行北京市朝阳分理处

金额	人民币（大写）	亿	千	百	十	万	千	百	十	元	角	分
	叁拾伍万壹仟元整			¥	3	5	1	0	0	0	0	0

票据种类	支票	票据张数	1	中国工商银行北京市朝阳分理处 2012.12.06 转讫（模拟）
票据号码	366			
复核		记账		收款人开户银行签章

此联是收款人开户银行交给收款人的收账通知

图1.11　　贷款凭证（3）（收账通知）

2012年12月08日

贷款单位	北京通益有限责任公司	种类	短期	贷款户账号	工行北京市朝阳分理处 010123450000056888
金　　额	人民币（大写）壹拾陆万元整				千 百 十 万 千 百 十 元 角 分 ¥ 1 6 0 0 0 0 0 0
用　　途	流动资金周转借款	单位申请期限	自2012年12月08日至2013年12月07日		
		银行核定期限	自2012年12月08日至2013年12月07日		
上述贷款已核准发放，并已划入你单位账号。 月利率7.5‰					
中国工商银行北京市朝阳分理处 2012.12.08 转讫 2012年12月08日 银行签章					

图1.12　　电子缴库专用缴款书

2012年12月09日　　（2012）京地电库：№1222523

□ 已申报　　申报序号：

纳税人计算机代码		征收机关代码	
纳税人名称	北京通益有限责任公司	征收机关名称	
付款人名称	北京通益有限责任公司	收款国库名称	
付款人开户银行名称	工行北京市朝阳分理处	国库清算行	
付款人账户	010123450000056888		

纳税项目代码	课税数量	计税金额	实缴税额
城市维护建设税 100200		20000	1400
教育费附加 700300		20000	600
金额合计（大写）贰仟元整		金额合计（小写）	¥2000.00
北京通益有限责任公司 财务专用章	北京市地方税务局 征税专用章 税务机关（章）	中国工商银行北京市朝阳分理处 2012.12.09 转讫 记账员盖章	

图1.13

中华人民共和国
税收通用缴款书

隶属关系：　　　　　　　　　　　　　　　　　　（200121）京国缴电 №5231222 ㊖
注册类型：　　　　　　　　　填发时间：2012年12月09日　　　　　　　征收机关：

缴款单位（人）	代码		预算科目	编码	
	全称	北京通益有限责任公司		名称	
	开户银行	工行北京市朝阳分理处		级次	
	账号	010123450000056888	收款国库		

税款所属时期 2012年11月01日至2012年11月30日　　税款限缴日期 2012年12月10日

品目名称	课税数量	计税金额或销售收入	税率或单位税额	已缴或扣除额	实缴金额
增值税		856000.00	17%	125520.00	20000.00
金额合计（大写）贰万元整					¥20000.00
缴款单位（人）（盖章）经办人（章）	税务机关（盖章）填票人（章）	上列款项已收妥并划转收款单位账户　国库（银行）盖章　年　月　日		备注：	

（印章：华裔印；北京通益有限责任公司财务专用章；北京市东城区国家税务局征税专用章 101号；中国工商银行北京市朝阳分理处 收妥 转讫 模拟；国家税务总局税收票证监制章）

第一联　缴款单位（人）作完税凭证

逾期不缴按税法规定加收滞纳金

图1.14

领 款 单

2012年12月11日

领款部门	行政科				用途	生活困难补助	
姓名	王永民						
领款金额	人民币（大写）壹仟元整						
单位领导批示	同意 华裔	财会部门领导意见	同意	领款部门领导意见	同意	¥1000.00	
						领款人签收	王永民 2012年12月11日

会计主管：　　　　　　　　　　　　记账：　　　　　　　　　　　　出纳：

图1.15

中国工商银行 转账支票存根 0000003
附加信息
出票日期：2012年12月12日
收款人：工行北京市朝阳分理处
金　额：¥110850.00
用　途：发放工资
单位主管　　会计

小思考：目前工资支付的方式有哪些？

图1.16

工资结算汇总表

发放日期：2012年12月12日　　单位：元

部　门	标准工资	计件工资	副食补贴	奖　金	应付工资	扣款项目			实发工资
						住房公积金	房租	扣款小计	
一车间	35 000	5 000	6 000	3 000	49 000	1 900	1 600	3 500	45 500
二车间	20 000	3 000	4 500	1 600	29 100	700	200	900	28 200
车间管理人员	5 000		1 000	1 300	7 300	300	200	500	6 800
厂部管理人员	10 600		2 000	2 500	15 100	600	450	1 050	14 050
销售人员	12 000		2 300	3 600	17 900	700	900	1 600	16 300
合　计	82 600	8 000	15 800	12 000	118 400	4 200	3 350	7 550	110 850

图1.17

中国工商银行 进 账 单（收账通知）　　3

2012年12月13日

出票人	全　称	北京阳光公司	收款人	全　称	北京通益有限责任公司
	账　号	010558977412311		账　号	010123450000056888
	开户银行	工行北京市长乐分理处		开户银行	工行北京市朝阳分理处
金额	人民币（大写）	贰拾柒万元整		亿千百十万千百十元角分	¥27000000
票据种类	支票	票据张数	1		
票据号码	310			中国工商银行北京市朝阳分理处 2012.12.13 转 模拟 讫	
复核　记账				收款人开户银行签章	

此联是收款人开户银行交给收款人的收账通知

图 1.18

现金清查盘点报告表

2012 年 12 月 15 日

账面余额	实存金额	清查结果		说　明
		盘盈	盘亏	
1215	1230	15		原因待查
单位负责人处理意见		备注：		

图 1.19

差旅费报销单

原派出单位：供应科　　2012 年 12 月 15 日　　单据张数：15 张（略）

事　　由：采购　　姓名：高广明　　职务：采购员　　预借款：3000 元

起止日期				起止地点	车船费	办公邮电	住勤费			途中标准	伙食补助		合　计
月	日	月	日				标准	天数	金额		天数	金额	
12	5	12	15	北京—保定	1080	200	100	10	1000		11	165	2445
合　计					1080	200			1000			165	2445
人民币（大写）贰仟肆佰肆拾伍元整　应退（~~补~~）：555.00 元													

派出单位领导：　　财务主管：　　复核：　　出纳：

图 1.20

北京增值税专用发票

记　账　联

开票日期：2012 年 12 月 16 日

购货单位	名　　称：北京市木材公司 纳税人识别号：340134558838896 地 址 、电 话：北京市昌平区马连洼 2 号　010-86003558 开户行及账号：中行北京市支行 000647824398				密码区	（略）	
货物或应税劳务名称	规格型号	单　位	数　量	单　价	金　额	税率	税　额
乙产品		件	1	500.00	500.00	17%	85.00
合　　计					¥500.00		¥85.00
价税合计（大写）	⊗伍佰捌拾伍元整				（小写）¥585.00		
销货单位	名　　称：北京通益有限责任公司 纳税人识别号：010543213337789 地 址 、电 话：北京市王府井大街 119 号　010-12345678 开户行及账号：工行北京市朝阳分理处 010123450000056888				备注	（印章：北京通益有限责任公司 010543213337789 发票专用章）	

第三联　记账联　销货方记账凭证

收款人：　　复核：　　开票人：　　销货单位（章）

图1.21

中国工商银行现金交款单

券种明细

券种	张数
壹佰元	5
伍拾元	1
拾元	3
伍元	
贰元	
壹元	5
伍角	
贰角	
壹角	
其他	
合计	

缴款日期 2012 年 12 月 16 日

本次交款情况记录	
多款	已退回
少款	已补收

交款单位	全　称	北京通益有限责任公司	账　号	01012345000056888
	开户银行	工行北京市朝阳分理处	款项来源	销货款

人民币（大写）	百	十	万	千	百	十	元	角	分
伍佰捌拾伍元整				¥	5	8	5	0	0

现金收讫	中国工商银行北京市朝阳分理处 2012.12.16 转讫	出纳复核员　会计复核员	出纳收款员　记　账　员

第二联　由银行盖章后退回单位

图1.22

北京市行政事业单位非经营收入发票

全国统一发票监制章　北京市　地方税务局监制

发　票　联

京地（1123）
№060987

顾客名称：北京通益有限责任公司
地　　址：北京市王府井大街119号　　2012年12月18日填发

项目	单位	数量	收费标准	金额	万	千	百	十	元	角	分	备注
捐款				超过拾万元无效	6	0	0	0	0	0	0	
人民币（大写）⊗陆万元整					6	0	0	0	0	0	0	

开票人：　　　　收款人：　　　　开票单位及地址（盖章）

北京市安康敬老院　财务专用章

小思考：如果我们企业接受其他企业捐赠，该怎么做分录？

图 1.23

中国工商银行 转账支票存根 00000007
附加信息
出票日期：2012 年 12 月 22 日
收款人：北京市社会保险公司
金　额：¥27975.00
用　途：职工养老保险和失业保险金
单位主管　　　　会计

图 1.24

社会保险基金缴费专用票据

经济类型：　　　　2012 年 12 月 22 日　　　　№

缴款单位	北京通益有限责任公司			结算方式		当期
缴款金额	人民币：贰仟陆佰贰拾贰元整					千 百 十 万 千 百 十 元 角 分 ¥ 2 6 2 2 0 0
失业保险						北京市社会保险公司 财务专用章 单位盖章（章）
合　计	其　中				其他保险	
	统筹金	个人账户				
			单位划转	个人缴款	滞纳金	

第二联 收据

复核：　　　　收款人：　　　　经办人：　　　　单位代码：

小知识

企业职工可享受的保险待遇主要有：养老保险、失业保险、医疗保险、生育保险、工伤保险等。不同企业根据自身情况为职工交纳不同保险。

图 1.25

社会保险基金缴费专用票据

经济类型：　　　　2012 年 12 月 22 日　　　　№

缴款单位	北京通益有限责任公司			结算方式		当期
缴款金额	人民币：贰万伍仟叁佰伍拾叁元整					千 百 十 万 千 百 十 元 角 分 ¥ 2 5 3 5 3 0 0
养老保险						北京市社会保险公司 财务专用章 单位盖章（章）
合　计	其　中				其他保险	
	统筹金	个人账户				
			单位划转	个人缴费	滞纳金	

第二联 收据

复核：　　　　收款人：　　　　经办人：　　　　单位代码：

小思考："五险一金"分别指什么？如何计算？

图 1.26

吉林省车辆通行费专用票据

长白公路凉水收费站

吉政明电〔2004〕17号

不准弃票 以备稽查

（收费还贷）

人民币：壹拾元 ¥10.00

№ 0018925

（报销凭证）

吉林省财政厅监印

图 1.27

中国建设银行

付款期限
壹 个 月

银 行 汇 票 委 托 书

出票日期（大写） 贰零壹贰年壹拾贰月贰拾伍日

代理付款行：　　　　行号：

收款人：天津大华公司											
出票金额：人民币（大写） 壹拾伍万元整											
实际结算金额：人民币（大写） 壹拾伍万元整	千	百	十	万	千	百	十	元	角	分
		¥	1	5	0	0	0	0	0	0

申请人：北京通益有限责任公司　　账号地住址：北京市王府井大街119号

出票行：工行北京市朝阳分理处　　序　　号：

备注：

凭票付款：

出票行签章

中国工商银行北京市朝阳分理处
2012.12.25
转
模拟
讫

金 额									
千	百	十	万	千	百	十	元	角	分

科目（借）：

对方科目（贷）：

兑付日期：　　年　月　日

复核：　　记账：

小知识

通过“其他货币资金”核算的内容有：银行汇票存款、银行本票存款、外埠存款、信用证保证金存款、信用卡存款、存出投资款。

图1.28

中国工商银行
转账支票存根
00000009

附加信息＿＿＿＿＿＿＿＿

签发日期：2012年12月27日

收款人：	北京市东关区电业局
金　额：	¥14741.13
用　途：	电费

单位主管　　　　会计

图1.29

客户电费发票

	2012年12月				托收号		1052010310	
客户代码	1052010310		用电类	高压	户名	北京通益有限责任公司		
运行容量	0		倍率	40	地址	前峰142		
本月表数	峰 1236	谷		平 2596		总 0	无功	1370
	峰电量	谷电量	平电量	总电量	峰电费	谷电费	平电费	电量电费
动力1	4350	1050	5267	10667	4619.7	371.7	3729.04	8720.44
动力								
商业								
非居民照明	2610	630	3161	6410	2877.53	231.53	2323.34	5432.4
居民照明								
合计	6960	1680	8428	17068	7497.23	603.23	6052.38	14152.84
基本电费		三峡	68.27	附加费	170.69	合计电费	14741.13	
力率电费	−26.16	还贷	341.36	库区	34.13	分次电费	0	
金额（大写）	壹万肆仟柒佰肆拾壹元壹角叁分						¥14741.13	
打印日期		收费单位	新站营业所		收费员			

图1.30　　**中国铁路小件货物快运运单**

发送地：北京	承运时间：2012年12月29日					到达地：上海　发站：北京　到站：上海	
托运人	单位（姓名）李东 地址： 电话：　　传真：					收货人	单位（姓名）：袁正兴 地址：上海市延吉四村48号 邮政编码：200093　　电话：
品名	包装种类	件数	重量（kg）	体积（m^3）	声明价格	快运包干费：66.30元	运价里程：2412 km
杂物	纸箱	1	13	0.00		超重附加费：　　元	运到期限：9天
						保价费：　　元	计费重量：13 kg
						元	元
合计		1	13	0.00		包装费：0.40　　元	元
托运人签章：						费用总计：陆拾陆元柒角整　¥66.70	
收货人有效证件号码（或单位公章）：						交付时间：　月　日　时　分	领货人签章
						领货人有效证件号码：	
记事						承运人签章 | 　| 到达通知记录 | 　| 到达记录 |	

图1.31　　**中国工商银行 进 账 单**（收账通知）　　3

2012年12月30日

出票人	全　　称	南安公司	收款人	全　　称	北京通益有限责任公司
	账　　号	010343567845123112		账　　号	010123450000056888
	开户银行	中行北京市东城分理处		开户银行	工行北京市朝阳分理处
金额	人民币（大写）	玖万元整		亿千百十万千百十元角分	¥9000000
票据种类	商业汇票	票据张数	1		
票据号码	233				
复核		记账		中国工商银行北京市朝阳分理处 2012.12.30 转 模拟 讫	收款人开户银行签章

此联是收款人开户银行交给收款人的收账通知

我是往来会计，需要处理企业与其他单位和个人办理往来业务的核算，现在我所核算的是购销商品时发生的应收及预付账款。

实训1.2　应收及预付账款核算演练

通益公司2012年12月发生下列应收及预付款项业务。

1）12月3日，销售产品，向银行办妥托收手续。其相关原始凭证如图1.32、图1.33、图1.34、图1.35所示。

2）12月6日，销售乙产品一批，购货方交付一张6个月期限的银行承兑汇票。其相关原始凭证如图1.36、图1.37所示。

3）12月9日，收到北京宏大有限公司支付的前欠货款。其相关原始凭证如图1.38所示。

4）12月11日，向生产车间拨付定额备用金。其相关原始凭证如图1.39所示。

5）12月12日，接到银行转来的托收承付收账通知，收到天津广茂公司支付的货款及运费。其相关原始凭证如图1.40所示。

6）12月15日，得知成达公司破产，将所欠货款确认为坏账。其相关原始凭证如图1.41所示。

7）12月17日，向永康公司预付A材料货款。其相关原始凭证如图1.42所示。

8）12月20日，收到永康公司发来的A材料，以银行存款补付余款，材料验收入库。其相关原始凭证如图1.43、图1.44、图1.45、图1.46所示。

9）12月23日，收到职工刘大明责任事故罚款。其相关原始凭证如图1.47所示。

10）12月26日，收到天津方玉有限责任公司兑付的商业汇票款。其相关原始凭证如图1.48所示。

11）12月28日，收回已转销又收回北京易得公司坏账。其相关原始凭证如图1.49所示。

12）12月30日，根据应收款项期末余额计提坏账准备。其相关原始凭证如图1.50所示。

图1.32

北京增值税专用发票

记　账　联

开票日期：2012年12月03日

购货单位	名　　称：天津广茂公司 纳税人识别号：324587963215879 地 址 、电 话：天津市顺风路999号　022-12346587 开户行及账号：中行天津市支行 003698745622					密码区	（略）
货物或应税劳务名称	规格型号	单　位	数　量	单　价	金　额	税　率	税　额
甲产品		箱	200	1000.00	200000.00	17%	34000.00
合　　计					¥200000.00		¥34000.00
价税合计（大写）	⊗贰拾叁万肆仟元整				（小写）¥234000.00		
销货单位	名　　称：北京通益有限责任公司 纳税人识别号：010543213337789 地 址 、电 话：北京市王府井大街119号　010-12345678 开户行及账号：工行北京市朝阳分理处 010123450000056888					备注	北京通益有限责任公司 010543213337789 发票专用章

第三联　记账联　销货方记账凭证

收款人：　　　复核：　　　开票人：　　　销货单位(章)

图 1.33

托收凭证（受理回单） 1

委托日期 2012 年 12 月 03 日

业务类型	委托收款（□ 邮划、□ 电划） 托收承付（☑邮划、□电划）							
付款人	全 称	天津广茂公司		收款人	全 称	北京通益有限责任公司		
	账 号	003698745622			账 号	010123450000056888		
	地 址	天津市 省 县	开户行 中行天津市支行		地 址	北京市 省 县	开户行	工行北京市朝阳分理处
金额	人民币（大写）	贰拾叁万肆仟陆佰元整			亿 千 百 十 万 千 百 十 元 角 分	¥ 2 3 4 6 0 0 0 0		
款项内容	货款	托收凭据名称				附寄单证张数		
商品发运情况				合同名称号码				
备注： 复核 记账		款项收妥日期 年 月 日		收款人开户银行签章 2012 年 12 月 03 日				

此联作收款人开户银行给收款人受理回单

（印章：中国工商银行北京市朝阳分理处 2012.10.03 转讫 模拟）

图 1.34

北京市公路货运收费发票

发 票 联

（印章：全国统一发票监制章 北京市 国家税务局监制）

2012 年 12 月 03 日

托运单位	北京通益有限责任公司			受理单位	天津广茂公司			受理编号									
装货地点	北京市王府井大街119号			承运单位	北京新达运输公司			运输公司									
卸货地点	天津市正和街							计费里程									
货物名称	件数	包装	规格	托运重量	货物等级	计费运输量		费 率			金 额						
						运量	周转量	空驶运率	运价率	比价率	万	千	百	十	元	角	分
甲产品													6	0	0	0	0
包车原因						包车费率											
加减成条件								加减成									
合计金额（大写）	人民币陆佰元整							合计				¥	6	0	0	0	0

制票单位： 制票人： 复核： 收费章

第二联 运费收据托运单位报销凭证

（印章：北京新达运输公司 987654321012345678 发票专用章）

图 1.35

中国工商银行
转账支票存根
00000002

附加信息

签发日期：2012 年 12 月 03 日

收款人：	北京新达运输公司
金　额：	¥600.00
用　途：	垫付运费

单位主管　　　　会计

图 1.36

北京增值税专用发票

全国统一发票监制章 北京 国家税务总局监制

记　账　联　　　　开票日期：2012 年 12 月 06 日

购货单位	名　　称：天津达利有限责任公司 纳税人识别号：2345166778123456 地 址 、电 话：天津市万和路 10 号　022－8651234 开户行及账号：工行天津市支行 001125645899	密码区	（略）

货物或应税劳务名称	规格型号	单位	数量	单价	金额	税率	税额
乙产品		件	100	500.00	50000.00	17%	8500.00
合　计					¥50000.00		¥8500.00
价税合计（大写）	⊗伍万捌仟伍佰元整				（小写）¥58500.00		

销货单位	名　　称：北京通益有限责任公司 纳税人识别号：010543213337789 地 址 、电 话：北京市王府井大街 119 号　010－12345678 开户行及账号：工行北京市朝阳分理处 010123450000056888	备注	北京通益有限责任公司 010543213337789 发票专用章

收款人：　　　　复核：　　　　开票人：　　　　销货单位（章）

第三联 记账联 销货方记账凭证

图 1.37　　银行承兑汇票（存根）

出票日期（大写）贰零壹贰年壹拾贰月零陆日　　汇票号码

出票人全称	天津达利有限责任公司	收款人	全　称	北京通益有限责任公司
出票人账号	001125645899		账　号	010123450000056888
付款行全称	工行天津市支行		开户银行	工行北京市朝阳分理处
出票金额	人民币（大写）伍万捌仟伍佰元整			亿 千 百 十 万 千 百 十 元 角 分 ¥ 5 8 5 0 0 0 0
汇票到期日（大写）	贰零壹叁年零陆月零陆日	付款行	行号	工行天津市支行 25879541211
承兑协议编号			地址	
天津达利有限责任公司 财务专用章 出票人签章	中国工商银行北京市朝阳分理处 2012.12.06 转讫 备注：			复核　　记账

此联由收款人存查

小思考：如果企业急需资金，可否将所持有的未到期的商业汇票转让给银行？如何办理转让手续呢？

图 1.38　　中国工商银行 联行来账凭证

2012 年 12 月 09 日	大额支付
付款人账号：010242424125890	付款人名称：北京宏大有限公司
收款人账号：010123450000056888	收款人名称：北京通益有限责任公司
付款人开户行行号：402242210058	收款人开户行行号：103245062107
发起行行号：402242210058	发起行名称：（略）
接收行行号：103245062107	接收行名称：工行北京市朝阳分理处
币种：RMB　人民币	交易金额：10 000.00
交易金额：壹万元整	
附言：材料费	
报单日期：20121206	
交易种类：大额	

中国工商银行北京市朝阳分理处 2012.12.09 转讫

上述款项已代转账，如有疑问，请持此单来行面洽。

此致

（开户单位）

打印：　　　　复核：

第三联　客户入账通知

图1.39

借 款 单

2012年12月11日

借款单位：生产车间		
借款理由：备用金		
借　　款：（大写）叁仟元整		￥3000.00
本单位负责人意见：		借款人：肖玉宾
会计主管核批：	付款方式：现金	出纳：

图1.40

托收凭证（收账通知）　　4

委托日期 2012年12月03日　付款期限 2012年12月12日

业务类型	委托收款（□邮划、□电划）　托收承付（☑邮划、□电划）						
付款人	全称	天津广茂公司		收款人	全称	北京通益有限责任公司	
	账号	003698745622			账号	010123450000056888	
	地址	天津市 省 县	开户行：中行天津市支行		地址	北京市 省 县	开户行：工行北京市朝阳分理处
金额	人民币（大写）贰拾叁万肆仟陆佰元整					亿千百十万千百十元角分	￥23460000
款项内容	货款	托收凭据名称	增值税发票等			附寄单证张数	
商品发运情况						合同名称号码	
备注： 复核　记账		款项收妥日期 年　月　日				收款人开户银行签章 2012年12月12日	

此联作收款人开户银行给收款人受理回单

中国工商银行北京市朝阳分理处 2012.12.03 转 模拟 讫

图1.41

关于坏账损失申请

公司领导：

因成达公司已破产，原欠我单位的贰万叁仟肆佰元货款无法收回，特申请作为坏账损失，请予以批准。

北京通益有限责任公司 财务专用章

财务科

2012年12月15日

相关链接

一般来讲，企业的应收款项符合下列条件之一的，应确认为坏账。

① 因债务人破产或死亡，以其破产财产或遗产偿债后，确定不能收回的应收款项。

② 因债务单位撤销，资不抵债或现金流量严重不足，确定不能收回的应收款项。

③ 因发生自然灾害等导致债务单位停产而在短时间内无法偿付的债务，确定无法收回的应收款项。

④ 因债务人逾期未履行偿债义务超过3年，经核查确定无法收回的款项。

小知识

企业预付货款业务通过“预付账款”账户核算，如果预付货款业务不多的企业，可以不设置“预付账款”账户，直接通过“应付账款”账户核算。

图1.42

中国工商银行信汇凭证（回单）　　1

委托日期 2012年12月17日

付款人	全　称	北京通益有限责任公司	收款人	全　称	永康公司
	账　号	010123450000056888		账　号	000125477896545123
	汇出地点	北京市王府井大街119号		汇入地点	河北省邯郸市
汇出行名称		工行北京市朝阳分理处	汇入行名称		建行邯郸市支行
金额	人民币（大写）	壹万元整		亿千百十万千百十元角分	¥1000000
中国工商银行北京市朝阳分理处 2012.12.17 转 模拟 讫		汇出行盖章	支付密码		
			附加信息及用途：预付货款		
			复核　　记账		

此联是汇出行给汇款人的回单

图 1.43

河北增值税专用发票

发 票 联

（印章：全国统一发票监制章 河北 国家税务总局监制）

开票日期：2012 年 12 月 20 日

购货单位	名 称：北京通益有限责任公司 纳税人识别号：010543213337789 地 址 、电 话：北京市王府井大街 119 号 010-12345678 开户行及账号：工行北京市朝阳分理处 010123450000056888	密码区	（略）

货物或应税劳务名称	规格型号	单 位	数 量	单 价	金 额	税 率	税 额
A 材料		千克	100	105	10500. 00	17%	1785. 00
合 计					¥10500. 00		¥1785. 00
价税合计（大写）	⊗壹万贰仟贰佰捌拾伍元整				（小写） ¥12285. 00		

销货单位	名 称：永康公司 纳税人识别号：110212153211330 地 址 、电 话：河北省邯郸市 0311-87042417 开户行及账号：建行邯郸市支行 000125477896545123	备注	（印章：永康公司 110212153211330 发票专用章）

收款人： 复核： 开票人： 销货单位（章）

第二联 发票联 购货方记账凭证

图 1.44

收 料 单

供应单位：永康公司

材料科目：原材料　　　　发票号码：00956

材料类别：原料　　　　2012 年 12 月 20 日　　　　收料仓库：一仓库

材料名称	规格	计量单位	数量		实际成本					
			应收	实收	买价		运杂费	其他	合计	单位成本
					单价	金额				
A 材料		千克	100	100	105	10500	600		11100	111
合 计						10500	600		11100	

记账： 收料： 制单：

图 1.45

中国工商银行信汇凭证(回单)　　　　1

委托日期 2012 年 12 月 20 日

付款人	全 称	北京通益有限责任公司	收款人	全 称	永康公司
	账 号	010123450000056888		账 号	000125477896545123
	汇出地点	北京市王府井大街 119 号		汇入地点	河北省邯郸市
汇出行名称		工行北京市朝阳分理处	汇入行名称		建行邯郸市支行

金额	人民币（大写） 贰仟捌佰捌拾伍元整	亿	千	百	十	万	千	百	十	元	角	分
							¥	2	8	8	5	0	0

（印章：中国工商银行北京市朝阳分理处 2012.12.20 转讫）	支付密码
	附加信息及用途：预付货款
汇出行盖章	复核 记账

此联是汇出行给汇款人的回单

图1.46

邯郸市公路货运收费发票

（全国统一发票监制章　邯郸市　国家税务局监制）

发　票　联

托运单位	永康公司	受理单位		受理编号	
装货地点	邯郸南河区北路20号	承运单位	邯郸市运输公司	运输公司	
卸货地点	北京市王府井大街119号			计费里程	

货物名称	件数	包装	规格	托运重量	货物等级	计费运输量		费率			金额						
						运量	周转量	空驶运率	运价率	比价率	万	千	百	十	元	角	分
A材料													6	0	0	0	0
包车原因							包车费率										
加减成条件								加减成									
合计金额（大写）	人民币陆佰元整							合计				¥	6	0	0	0	0

（邯郸市运输公司　620358123456789012　发票专用章）

制票单位：　　制票人：　　复核：　　收费章

第二联　运费收据托运单位报销凭证

图1.47

收款凭证

附件　张

2012年12月23日

兹由（交款人）刘大明

交　　来　生产事故罚款

人民币（大写）壹仟元整　　¥1000.00

（刘大明印）

会计主管人员（签章）

缴款人（或单位）（签章）　　出纳人收讫（签章）　　现金付讫

第二联　此联收入机关留凭以作记账凭证

图1.48

中国工商银行 **进账单**（收账通知）　3

2012年12月26日

出票人	全称	天津方玉有限责任公司	收款人	全称	北京通益有限责任公司
	账号	123356845678956		账号	010123450000056888
	开户银行	农行天津市华田支行		开户银行	工行北京市朝阳分理处

金额	人民币（大写）	亿	千	百	十	万	千	百	十	元	角	分
	叁万捌仟元整				¥	3	8	0	0	0	0	0

票据种类	商业汇票	票据张数	1
票据号码	239		

（中国工商银行北京市朝阳分理处　2012.12.26　转　模拟　讫）

复核　　记账　　收款人开户银行签章

此联是收款人开户银行交给收款人的收账通知

图 1.49　　中国工商银行 **进 账 单**（收账通知）　　3

2012 年 12 月 28 日

出票人	全　称	北京易得公司	收款人	全　称	北京通益有限责任公司
	账　号	010558977412311		账　号	010123450000056888
	开户银行	工行北京市长乐分理处		开户银行	工行北京市朝阳分理处
金额	人民币（大写）	壹万元整		亿千百十万千百十元角分	¥1000000
票据种类	支票	票据张数	1		
票据号码	239				
复核	记账				收款人开户银行签章

中国工商银行北京市朝阳分理处 2012.12.28 转 模拟 讫

此联是收款人开户银行交给收款人的收账通知

图 1.50

坏账准备计算表

2012 年 12 月 30 日　　单位：元

项　目	账面余额	计提比例	应提准备金	账面已提数	应补提（冲减）数
应收款项	600 000	5%	30 000	25 000	5 000

课后延伸

企业销售商品、提供劳务取得商业汇票，其最长付款期为 6 个月。如果企业急需资金，想在票据到期前提前取得票据款，可以用商业汇票到银行进行贴现，企业取得的是扣除贴现利息后的贴现净额，贴现息计入财务费用。

模块 2 存货核算实训

模块认知

存货，是指企业在日常活动中持有以备出售的产成品或商品、处在生产过程中的在产品、在生产过程或提供劳务过程中耗用的材料和物料等。存货可以通过外购取得，通过委托外单位加工而取得，通过自行生产而取得，通过投资者投入取得等。通过不同的方式取得存货，其存货成本的计算尤为重要。存货在不同成本核算方法下其核算也是不同的——存货发出的计价方法不同，计算的发出存货的成本也不同。

本模块主要演练原材料、周转材料、库存商品等存货的收、发、结存的核算流程。对于原材料，要分别按实际成本与计划成本两种核算方法进行演练。通过本模块实际的演练操作，主要掌握如下核算内容。

- 实际成本核算下材料收、发的核算。
- 计划成本核算下材料收、发的核算。
- 周转材料收、发的核算。
- 库存商品生产、入库、销售的核算。

“我是材料会计，负责企业材料的收发、结存的核算，材料形成企业的储备资金，材料的供应直接影响产品的生产，看来我的责任很重大哟！”

课前热身

1. 准备记账凭证一本，科目汇总表 10 张，明细账页及总账账页各 10 张。

2. 复习。原材料的实际采购成本包括哪些内容？材料发出的计价方法有哪些？分别如何计算？材料按实际成本核算与按计划成本核算有什么区别？

实训要求

1. 对材料正确计价，计算材料的实际采购成本。

2. 根据当期发生的每笔经济业务准确填制记账凭证，严格审核记账凭证，再分别按材料的类别、品种、规格登记明细账。

3. 按实际成本计价方法进行材料收发的总分类核算和有关明细分类核算，要求在实际成本核算下对企业发出的材料的计价方法采用先进先出法；掌握材料清查盘点的程序及处理方法。

实训 2.1　材料按实际成本核算演练

业务资料

通益公司原材料发出的计价方法采用先进先出法，期初结存资料如下。

① A 材料期初结存数量 1 000 千克，单价 110 元，计 110 000 元。

② B 材料期初结存数量 500 千克，单价 62 元，计 31 000 元。

2012 年 10 月份发生的有关材料收入、发出业务如下。

1）10 月 3 日，从本市四通公司购入材料，货款已付。其相关原始凭证如图 2.1、图 2.2、图 2.3、图 2.4 所示。

图 2.1

北京增值税专用发票

发　票　联

开票日期：2012 年 12 月 03 日

购货单位	名　　称：北京通益有限责任公司 纳税人识别号：010543213337789 地址、电话：北京市王府井大街 119 号　010－12345678 开户行及账号：工行北京市朝阳分理处 010990060540038760					密码区	（略）
货物或应税劳务名称	规格型号	单位	数量	单价	金额	税率	税额
A 材料		千克	500	120.00	60000.00	17%	10200.00
合计					¥60000.00		¥10200.00
价税合计（大写）	⊗柒万零贰佰元整						（小写）¥70200.00
销货单位	名　　称：北京四通公司 纳税人识别号：010127890021056811 地址、电话：北京市西单大街 118 号　010－85432424 开户行及账号：中行北京市宣武分理处 010990060540038760					备注	北京四通公司 010127890021056811 发票专用章

第二联 发票联 购货方记账凭证

收款人：　　复核：　　开票人：　　销货单位（章）

小思考：材料采购成本包括哪些内容？材料的采购费用有哪些？

图 2.2

运费统一结算发票

单位：北京通益有限责任公司　　2012 年 10 月 03 日　　运字：002

货物名称	单位	数量	千米	吨公里	运率	金额
A 材料	千克	500			0.30	150.00
合计（大写）	壹佰伍拾元整					¥150.00

北京新达运输公司 987654321012345678 发票专用章

会计：　　出纳：　　制单：　　开票单位：北京新达运输公司

图 2.3

收 料 单

供应单位：北京四通公司
材料科目：原材料　　　　　　　　　　　　　　　　发票号码：00901
材料类别：原料　　　　　　2012 年 10 月 03 日　　　　收料仓库：一仓库

材料名称	规格	计量单位	数量		实际成本/元					
			应收	实收	买价		运杂费	其他	合计	单位成本
					单价	金额				
A 材料		千克	500	500	120	60000	139.5		60139.5	120.279
合　计										

记账：　　　　　　　　　　　收料：　　　　　　　　　　　制单：

温馨提示

由于运费 200 元取得了运输部门开具的发票，这样，计算材料采购成本时，运费：150 ×(1 −7%) =139.5，扣除了 7% 的税金。

图 2.4

中国工商银行
转账支票存根
00000004
附加信息

出票日期：2012 年 10 月 03 日

收款人：北京四通公司
金　额：¥70350.00
用　途：采购材料

单位主管　　　　会计

2）4 日，从天津利得公司购入 B 材料 800 千克，货款未付。其相关原始凭证如图 2.5、图 2.6 所示。

图2.5

天津增值税专用发票

发 票 联

开票日期：2012年12月04日

购货单位	名　　　称：北京通益有限责任公司 纳税人识别号：010543213337789 地 址 、电 话：北京市王府井大街119号 010－12345678 开户行及账号：工行北京市朝阳分理处010123450000056888				密码区	（略）	
货物或应税劳务名称	规格型号	单位	数量	单价	金额	税率	税额
B材料		千克	800	65.00	52000.00	17%	8840.00
合　　计					¥52000.00		¥8840.00
价税合计（大写）	⊗陆万零捌佰肆拾元整					（小写）¥60840.00	
销货单位	名　　　称：天津利得公司 纳税人识别号：020458896300014792 地 址 、电 话：天津市富康路120号 022－63303820 开户行及账号：中行020458896300014				备注	天津利得公司 020458896300014792 发票专用章	

第二联 发票联 购货方记账凭证

收款人：　　　复核：　　　开票人：　　　销货单位（章）

图2.6

运费统一结算发票

单位：天津利得公司　　　2012年10月04日　　　运字：005

货物名称	单位	数量	千米	吨公里	运率	金额
B材料	千克	800			0.50	400.00
合计（大写）	肆佰元整					¥400.00

会计：　　　出纳：　　　制单：　　　开票单位：天津环日运输公司

小思考：企业购买材料可以采取哪些方式结算货款？

3）10月6日，偿付前欠货款。其相关原始凭证如图2.7所示。

图 2.7　　**托收凭证**（付款通知）　　5

委托日期 2012 年 09 月 30 日　付款期限 2012 年 10 月 06 日

业务类型	委托收款（□ 邮划、□ 电划）　托收承付（□ 邮划、☑电划）						
付款人	全　称	北京通益有限责任公司		收款人	全　称	石家庄庆园公司	
	账　号	010123450000056888			账　号	000785942110236698	
	地　址	北京 省/市	开户行：工行北京市朝阳分理处		地　址	河北省石家庄市	开户行：中行石家庄市支行
金额	人民币（大写）	贰拾叁万肆仟元整				亿 千 百 十 万 千 百 十 元 角 分	¥ 2 3 4 0 0 0 0 0
款项内容	购买材料款及运费	托收凭据名称	增值税发票运费单据			附寄单证张数	2
商品发运情况						合同名称号码	

备注：

复核　　记账

中国工商银行北京市朝阳分理处 2012.10.06 转 讫

付款人开户银行签章

2012 年 10 月 06 日

付款人注意：

1. 根据支付结算办法，上列委托收款（托收承付）款项在付款期限内未提出拒付，即视为同意付款，以此代付款通知。
2. 如需提出全部或部分拒付，应在规定期限内，将拒付理由书并附债务证明退交开户银行。

此联是收款人开户银行给付款人的按期付款通知

4）10 月 7 日，生产车间领用材料。其相关原始凭证如图 2.8 所示。

图 2.8　　**领 料 单**

2012 年 10 月 07 日　　字第 01 号

材料编号	101	材料名称	A 材料	规格		数量	700
计量单位	千克	单价	110.00	金额	亿 千 百 十 万 千 百 十 元 角 分		¥ 7 7 0 0 0 0 0
用途及摘要	一车间生产甲产品领用						
仓库意见	同意		领料人		宋义		

5）10 月 8 日，4 日购入的 B 材料到达，验收入库。其相关原始凭证如图 2.9 所示。

图 2.9　　**收 料 单**

供应单位：天津利得公司

材料科目：原材料　　发票号码：00902

材料类别：原料　　2012 年 10 月 08 日　　收料仓库：二仓库

材料名称	规格	计量单位	数量		实际成本/元					
			应收	实收	买价		运杂费	其他	合计	单位成本
					单价	金额				
B 材料		千克	800	800	65	52000	372		52372	65.465
合　计										

记账：　　收料：　　制单：

6）10月10日，车间一般耗用及生产产品领用材料。其相关原始凭证如图2.10、图2.11所示。

图2.10

领 料 单

2012年10月10日 字第02号

<table>
<tr><td>材料编号</td><td>101</td><td>材料名称</td><td>A材料</td><td>规格</td><td colspan="3"></td><td colspan="2">数量</td><td colspan="6">300+200</td></tr>
<tr><td rowspan="2">计量单位</td><td rowspan="2">千克</td><td rowspan="2">单价</td><td rowspan="2">110
120.279</td><td rowspan="2">金额</td><td>亿</td><td>千</td><td>百</td><td>十</td><td>万</td><td>千</td><td>百</td><td>十</td><td>元</td><td>角</td><td>分</td></tr>
<tr><td></td><td></td><td></td><td>¥</td><td>5</td><td>7</td><td>0</td><td>5</td><td>5</td><td>8</td><td>0</td></tr>
<tr><td>用途及摘要</td><td colspan="15">二车间一般耗用A材料300千克，用于生产甲产品200千克</td></tr>
<tr><td>仓库意见</td><td colspan="2">同意</td><td>领料人</td><td colspan="12">刘丹</td></tr>
</table>

图2.11

领 料 单

2012年10月10日 字第03号

<table>
<tr><td>材料编号</td><td>102</td><td>材料名称</td><td>B材料</td><td>规格</td><td colspan="3"></td><td colspan="2">数量</td><td colspan="6">500</td></tr>
<tr><td rowspan="2">计量单位</td><td rowspan="2">千克</td><td rowspan="2">单价</td><td rowspan="2">62.00</td><td rowspan="2">金额</td><td>亿</td><td>千</td><td>百</td><td>十</td><td>万</td><td>千</td><td>百</td><td>十</td><td>元</td><td>角</td><td>分</td></tr>
<tr><td></td><td></td><td></td><td>¥</td><td>3</td><td>1</td><td>0</td><td>0</td><td>0</td><td>0</td><td>0</td></tr>
<tr><td>用途及摘要</td><td colspan="15">二车间生产乙产品领用</td></tr>
<tr><td>仓库意见</td><td colspan="2">同意</td><td>领料人</td><td colspan="12">刘丹</td></tr>
</table>

小思考：二车间领用材料的金额57 055.8元是怎么算出来的？

7）10月13日，又从本市四通公司购入材料，供货方代垫运费，公司开出商业承兑汇票支付全部款项。其相关原始凭证如图2.12、图2.13、图2.14、图2.15所示。

图2.12

北京增值税专用发票

发 票 联

开票日期：2012年10月13日

<table>
<tr><td>购货单位</td><td colspan="5">名　　称：北京通益有限责任公司
纳税人识别号：010543213337789
地 址 、电 话：北京市王府井大街119号　010－12345678
开户行及账号：工行北京市朝阳分理处010123450000056888</td><td>密码区</td><td colspan="2">（略）</td></tr>
<tr><td>货物或应税劳务名称</td><td>规格型号</td><td>单　位</td><td>数　量</td><td>单　价</td><td>金　额</td><td>税　率</td><td>税　额</td><td></td></tr>
<tr><td>A材料</td><td></td><td>千克</td><td>1000</td><td>118.00</td><td>118000.00</td><td>17%</td><td>20060.00</td><td></td></tr>
<tr><td>合　计</td><td></td><td></td><td></td><td></td><td>¥118000.00</td><td></td><td>¥20060.00</td><td></td></tr>
<tr><td>价税合计（大写）</td><td colspan="8">⊗壹拾叁万捌仟零陆拾元整　　（小写）¥138060.00</td></tr>
<tr><td>销货单位</td><td colspan="5">名　　称：北京四通公司
纳税人识别号：010127890021056811
地 址 、电 话：北京市西单大街118号　010－85432424
开户行及账号：中行北京市宣武分理处010990060540038760</td><td>备注</td><td colspan="2">北京四通公司
010127890021056811
发票专用章</td></tr>
</table>

第二联 发票联 购货方记账凭证

收款人：　　复核：　　开票人：　　销货单位（章）

图 2. 13

运费统一结算发票

单位：北京通益有限责任公司　　　　2012 年 10 月 13 日　　　　运字：012

货物名称	单位	数量	千米	吨公里	运率	金额
A 材料	千克	1000			0.30	300.00
合计（大写）	叁佰元整					¥300.00

北京新达运输公司 987654321012345678 发票专用章

会计：　　出纳：　　制单：　　开票单位：北京新达运输公司

图 2. 14

收 料 单

供应单位：北京四通公司

发票号码：00903

材料科目：原材料

材料类别：原料　　　　2012 年 10 月 13 日　　　　收料仓库：一仓库

材料名称	规格	计量单位	数量		实际成本/元					
			应收	实收	买价		运杂费	其他	合计	单位成本
					单价	金额				
A 材料		千克	1000	1000	118	118000	279		118279	118.279
合　计										

记账：　　收料：　　制单：

图 2. 15

商业承兑汇票（存根）　　3

出票日期（大写）贰零壹贰年零壹拾月壹拾叁日　　　　汇票号码 2546801

付款人		收款人	
全　称	北京通益有限责任公司	全　称	北京四通公司
账　号	010123450000056888	账　号	010127890021056811
开户银行	工行北京市朝阳分理处	开户银行	中行北京市宣武分理处

出票金额	人民币（大写）壹拾叁万捌仟叁佰陆拾元整	亿	千	百	十	万	千	百	十	元	角	分
				¥	1	3	8	3	6	0	0	0

汇票到期日（大写）	贰零壹叁年零叁月壹拾叁日	付款人开户行	行　号	
交易合同号码			地　址	
北京通益有限责任公司 财务专用章 出票人签章		备注：		

此联出票人留存

小知识

购买材料的货款结算方式主要有：支票、银行本票、银行汇票、商业汇票、汇兑、托收承付、信用证等结算方式。

8）15 日，从外地购入材料，货款用存款支付。其相关原始凭证如图 2.16、图 2.17、图 2.18、图 2.19 所示。

图 2.16

河北增值税专用发票

发　票　联

开票日期：2012 年 10 月 15 日

购货单位	名　　称：北京通益有限责任公司 纳税人识别号：010543213337789 地 址 、电 话：北京市王府井大街 119 号　010－12345678 开户行及账号：工行北京市朝阳分理处 010123450000056888				密码区	（略）	
货物或应税劳务名称	规格型号	单　位	数　量	单　价	金　额	税　率	税　额
A 材料		千克	500	110.00	55000.00	17%	9350.00
B 材料		千克	1200	60.00	72000.00	17%	12240.00
合　计					¥127000.00		¥21590.00
价税合计（大写）	⊗壹拾肆万捌仟伍佰玖拾元整				（小写）¥148590.00		
销货单位	名　　称：承德顺成批发公司 纳税人识别号：1443689365405490 地 址 、电 话：承德市万寿路 23 号　0311－62415876 开户行及账号：工行承德市支行 229967860019				备注	承德顺成批发公司 1443689365405490 发票专用章	

收款人：　　复核：　　开票人：　　销货单位（章）

第二联 发票联 购货方记账凭证

图 2.17

运费单据	字第 15 号
人民币　壹仟叁佰陆拾元整	¥1360.00
上款系 运费	
此　致	
	领收人：承德金升运输公司
台　照	2012 年 10 月 15 日

负责人：　　会计：　　出纳：　　经手人：

对于购买 A 材料、B 材料发生的运费 1 360 元，要求按材料的重量比例进行分配（见图 2.18）。

图 2.18

材料运费分配表

单位：元

材料名称	重　量	运费总额	分配率（元/千克）	分配金额
A 材料	500 千克	1 360.00	0.8	400.00
B 材料	1 200 千克			960.00

会计主管：　　　　记账：　　　　制单：

图 2.19

中国工商银行电汇凭证（回单）　　1

☑普通　□加急　　委托日期 2012 年 10 月 15 日

汇款人	全　称	北京通益有限责任公司	收款人	全　称	承德顺成批发公司
	账　号	010123450000056888		账　号	229967860019
	汇出地点	省北京市/县		汇入地点	河北省承德市/县
汇出行名称		工行北京市朝阳分理处	汇入行名称		工行承德市支行
金额	人民币（大写）	壹拾肆万玖仟玖佰伍拾元整		亿 千 百 十 万 千 百 十 元 角 分	¥ 1 4 9 9 5 0 0 0
中国工商银行北京市朝阳分理处 2012.10.15 转 模拟 讫		汇出行盖章	支付密码		
			附加信息及用途：支付购料款		
			复核　记账		

此联是汇出行给汇款人的回单

9）10 月 16 日，销售部门为展览领用材料。其相关原始凭证如图 2.20、图 2.21 所示。

图 2.20

领　料　单

2012 年 10 月 16 日　　字第 04 号

材料编号	101	材料名称	A 材料	规格		数量	10
计量单位	千克	单价/元	120.279	金额	亿 千 百 十 万 千 百 十 元 角 分		¥ 1 2 0 2 7 9
用途及摘要	销售部门展览领用						
仓库意见	同意	领料人	张力				

图 2.21

领　料　单

2012 年 10 月 16 日　　字第 05 号

材料编号	102	材料名称	B 材料	规格		数量	20
计量单位	千克	单价/元	65.465	金额	亿 千 百 十 万 千 百 十 元 角 分		¥ 1 3 0 9 3 0
用途及摘要	销售部门展览领用						
仓库意见	同意	领料人	张力				

10）10 月 17 日，15 日购入的材料运到验收入库。其相关原始凭证如图 2.22 所示。

图 2.22

收料单

供应单位：承德顺成批发公司
发票号码：00904
材料科目：原材料
材料类别：原料　　2012 年 10 月 17 日　　收料仓库：一仓库、二仓库

材料名称	规格	计量单位	数量		实际成本/元					
			应收	实收	买价		运杂费	其他	合计	单位成本
					单价	金额				
A 材料		千克	500	500	110	55000	400		55400	110.8
B 材料		千克	1200	1200	60	72000	960		72960	60.8
合　计						127000	1360		128360	

记账：　　收料：　　制单：

11）10 月 20 日，各部门领用材料。其相关原始凭证如图 2.23、图 2.24、图 2.25 所示。

图 2.23

领料单

2012 年 10 月 20 日　　字第 06 号

材料编号	101	材料名称	A 材料	规格				数量			290 +710				
计量单位	千克	单价/元	120.279 118.279	金额	亿	千	百	十	万	千	百	十	元	角	分
							¥	1	1	8	8	5	9	0	0
用途及摘要	一车间生产甲产品领用														
仓库意见	同意	领料人	宋义												

图 2.24

领料单

2012 年 10 月 20 日　　字第 07 号

材料编号	102	材料名称	B 材料	规格				数量			780				
计量单位	千克	单价/元	65.465	金额	亿	千	百	十	万	千	百	十	元	角	分
								¥	5	1	0	6	2	7	0
用途及摘要	二车间生产乙产品领用														
仓库意见	同意	领料人	刘丹												

图 2.25

领料单

2012 年 10 月 20 日　　字第 08 号

材料编号	102	材料名称	B 材料	规格				数量			200				
计量单位	千克	单价/元	60.8	金额	亿	千	百	十	万	千	百	十	元	角	分
								¥	1	2	1	6	0	0	0
用途及摘要	管理部门领用														
仓库意见	同意	领料人	孙扬												

12）10 月 22 日，从外地购入的 B 材料 600 千克到达，但未收到单据。

小思考：

1. 购买材料时，如果月份内未收到原始单据，________。
2. 如果月末有关单据仍未到达，先按________暂估入账，下月初________。
3. 待下月收到有关单据时，再做会计处理。

13）10 月 31 日，10 月 22 日购入的 600 千克材料月末仍未收到单据，按单价 62 元估价入账。

实训 2.2　材料按计划成本核算演练

业务资料

假设通益公司 2012 年 10 月份原材料核算采用计划成本核算方法，期初结存资料如下。

① A 材料期初结存数量 1 000 千克，单价 110 元，共计 110 000 元，计划单位成本 105 元，计划成本为 105 000 元。

② B 材料期初结存数量 500 千克，单价 62 元，共计 31 000 元，计划单位成本 65 元，计划成本为 32 500 元。

③“材料成本差异”账户的期初余额分别为：A 材料为超支差 5 000 元，B 材料为节约差 1 500 元。购入材料随时结转材料成本差异，发出材料月末一次结转差异。

通益公司 2012 年 10 月份发生的有关材料收入、发出业务如下。

1）10 月 3 日，从本市四通公司购入材料，货款已付。其相关原始凭证如图 2.26、图 2.27、图 2.28、图 2.29 所示。

图 2.26

北京增值税专用发票

发　票　联

（印章：全国统一发票监制章 北京 国家税务总局监制）

开票日期：2012 年 10 月 03 日

购货单位	名　　称：北京通益有限责任公司 纳税人识别号：010543213337789 地 址 、电 话：北京市王府井大街 119 号　010－12345678 开户行及账号：工行北京市朝阳分理处 010123450000056888				密码区	（略）	
货物或应税劳务名称	规格型号	单　位	数　量	单　价	金　额	税　率	税　额
A 材料		千克	500	120.00	60000.00	17%	10200.00
合　计					¥60000.00		¥10200.00
价税合计（大写）	⊗柒万零贰佰元整				（小写）¥70200.00		
销货单位	名　　称：北京四通公司 纳税人识别号：010127890021056811 地 址 、电 话：北京市西单大街 118 号　010－85432424 开户行及账号：中行北京市宣武分理处 010990060540038760				备注	（印章：北京四通公司 010127890021056811 发票专用章）	

第二联 发票联 购货方记账凭证

收款人：　　复核：　　开票人：　　销货单位（章）

图2.27

运费统一结算发票

单位：北京通益有限责任公司　　2012年10月03日　　运字：002

货物名称	单位	数量	千米	吨公里	运率	金额
A材料	千克	500			0.30	150.00
合计（大写）	壹佰伍拾元整					¥150.00

（印章：北京新达运输公司 98765432101234567 8 发票专用章）

会计：　　出纳：　　制单：　　开票单位：北京新达运输公司

图2.28

收料单

供应单位：北京四通公司

材料科目：原材料　　发票号码：00901

材料类别：原料　　2012年10月03日　　收料仓库：一仓库

材料名称	规格	计量单位	数量		实际成本/元				计划成本/元	
			应收	实收	买价		运杂费	合计	计划单位成本	金额
					单价	金额				
A材料		千克	500	500	120	60000	139.5	60139.5	105	52500
合 计			500	500	120	60000	139.5	60139.5	105	52500

记账：　　收料：　　制单：

图2.29

中国工商银行
转账支票存根
00000004

附加信息

签发日期：2012年10月03日

收款人：	北京四通公司
金　额：	¥70350.00
用　途：	采购材料

单位主管　　会计

2）10月4日，从天津利得公司购入B材料800千克，货款未付。其相关原始凭证如图2.30、图2.31所示。

图 2.30

天津增值税专用发票

发 票 联

开票日期：2012 年 10 月 04 日

购货单位	名　　称：北京通益有限责任公司 纳税人识别号：010543213337789 地 址 、电 话：北京市王府井大街 119 号　010－12345678 开户行及账号：工行北京市朝阳分理处 010123450000056888					密码区	（略）
货物或应税劳务名称	规格型号	单 位	数 量	单 价	金 额	税 率	税 额
B 材料		千克	800	65.00	52000.00	17%	8840.00
合 计					¥52000.00		¥8840.00
价税合计（大写）	⊗陆万零捌佰肆拾元整				（小写）¥60840.00		
销货单位	名　　称：天津利得公司 纳税人识别号：020458896300014792 地 址 、电 话：天津市富康路 120 号　022－63303820 开户行及账号：中行 020458896300014					备注	天津利得公司 020458896300014792 发票专用章

收款人：　　复核：　　开票人：　　销货单位（章）

第二联 发票联 购货方记账凭证

图 2.31

运费统一结算发票

单位：天津利得公司　　2012 年 10 月 04 日　　运字：005

货物名称	单位	数量	千米	吨公里	运率	金额
B 材料	千克	800			0.50	400.00
合计（大写）	肆佰元整					¥400.00

天津环日运输公司 123456789012345678 发票专用章

会计：　　出纳：　　制单：　　开票单位：天津环日运输公司

小知识

在实际成本核算下，购入材料未入库记入“在途物资”；在计划成本核算核算下，购入材料未入库记入“材料采购”。购入材料验收入库在计划成本核算下必须做两组会计分录。

3）10 月 6 日，偿付前欠货款。其相关原始凭证如图 2.32 所示。

图 2.32

托收凭证（付款通知） 5

委托日期 2012 年 9 月 30 日 付款期限 2012 年 10 月 06 日

业务类型	委托收款（□邮划、□电划）			托收承付（□邮划、☑电划）			
付款人 全称	北京通益有限责任公司			收款人 全称	石家庄庆园公司		
付款人 账号	010123450000056888			收款人 账号	0007859410236698		
付款人 地址	北京 省 市	开户行	工行北京市朝阳分理处	收款人 地址	河北省 石家庄市	开户行	中行石家庄市支行
金额 人民币（大写）	贰拾叁万肆仟元整				亿千百十万千百十元角分	¥ 2 3 4 0 0 0 0 0	
款项内容	购买材料款及运费	托收凭据名称	增值税发票运费单据		附寄单证张数	2	
商品发运情况				全同名称号码			
备注： 复核 记账	付款人开户银行签章 （北京市朝阳分理处 2012.10.06 转讫） 2012 年 10 月 06 日			付款人注意： 1. 根据支付结算办法，上列委托收款（托收承付）款项在付款期限内未提出拒付，即视为同意付款，以此代付款通知。 2. 如需提出全部或部分拒付，应在规定期限内，将拒付理由书并附债务证明退交开户银行。			

此联是收款人开户银行给付款人的按期付款通知

4）10 月 8 日，4 日购入的 B 材料到达验收入库。其相关原始凭证如图 2.33 所示。

图 2.33

收 料 单

供应单位：天津得利公司

材料科目：原材料　　发票号码：00902

材料类别：原料　　2012 年 10 月 08 日　　收料仓库：一号库

材料名称	规格	计量单位	数量 应收	数量 实收	实际成本/元 买价 单价	实际成本/元 买价 金额	实际成本/元 运杂费	实际成本/元 合计	计划成本/元 计划单位成本	计划成本/元 金额
B材料		千克	800	800	65	52000	372	52372	65	52000
合 计			800	800	65	52000	372	52372	65	52000

记账：　　收料：　　制单：

小思考：唉！我怎么忘了“材料成本差异”账户借方核算什么差异、贷方核算什么差异呢？

5）10 月 13 日，又从本市四通公司购入材料，供货方代垫运费，公司开出商业承兑汇票支付全部款项。其相关原始凭证如图 2.34、图 2.35、图 2.36、图 2.37 所示。

图2.34

北京增值税专用发票

发 票 联

开票日期：2012年10月13日

购货单位	名 称：北京通益有限责任公司 纳税人识别号：010543213337789 地 址 、电 话：北京市王府井大街119号 010－12345678 开户行及账号：工行北京市朝阳分理处010123450000056888				密码区	（略）	
货物或应税劳务名称	规格型号	单 位	数 量	单 价	金 额	税 率	税 额
A材料		千克	1000	118.00	118000.00	17%	20060.00
合 计					¥118000.00		¥20060.00
价税合计（大写）	⊗壹拾叁万捌仟零陆拾元整						（小写） ¥138060.00
销货单位	名 称：北京四通公司 纳税人识别号：010127890021056811 地 址 、电 话：北京市西单大街118号 010－85432424 开户行及账号：中行北京市宣武分理处010990060540038760				备注	北京四通公司 010127890021056811 发票专用章	

第二联 发票联 购货方记账凭证

收款人： 复核： 开票人： 销货单位（章）

图2.35

运费统一结算发票

单位：北京通益有限责任公司 2012年10月13日 运字：012

货物名称	单位	数量	千米	吨公里	运率	金额
A材料	千克	1000			0.30	300.00
合计（大写）	叁佰元整					¥300.00

会计： 出纳： 制单： 开票单位：北京新达运输公司

（印章：北京新达运输公司 987654321012345678 发票专用章）

图2.36

收 料 单

供应单位：北京四通公司

材料科目：原材料 发票号码：00903

材料类别：原料 2012年10月13日 收料仓库：一仓库

材料名称	规格	计量单位	数量		实际成本/元				计划成本/元	
			应收	实收	买价		运杂费	合 计	计划单位成本	金 额
					单价	金额				
A材料		千克	1000	1000	118	118000	279	118279	105	105000
合 计			1000	1000	118	118000	279	118279	105	105000

记账： 收料： 制单：

图 2.37

商业承兑汇票（存根） 3

出票日期（大写） 贰零壹贰年零壹拾月壹拾叁日 汇票号码 2546801

付款人	全　称	北京通益有限责任公司	收款人	全　称	北京四通公司
	账　号	0101234500000 56888		账　号	0109006054003 8760
	开户银行	工行北京市朝阳分理处		开户银行	中行北京市宣武分理处
出票金额	人民币（大写） 壹拾叁万捌仟叁佰陆拾元整		亿 千 百 十 万 千 百 十 元 角 分		¥ 1 3 8 3 6 0 0 0
汇票到期日（大写）	贰零壹叁年零叁月壹拾叁日	付款人开户行	行号		
交易合同号码			地址		
北京通益有限责任公司 财务专用章 出票人签章		备注：			

此联出票人留存

小知识

购入材料采用商业汇票结算方式，通过“应付票据”核算，最长付款期为6个月。商业汇票包括商业承兑汇票和银行承兑汇票。

6）10月15日，从外地购入材料，货款用存款支付。其相关原始凭证如图2.38、图2.39、图2.40、图2.41所示。

图 2.38

河北增值税专用发票

国统一发票监制章 国家税务总局监制

发　票　联

开票日期：2012年10月15日

购货单位	名　称：北京通益有限责任公司 纳税人识别号：010543213337789 地 址 、电 话：北京市王府井大街119号 010-12345678 开户行及账号：工行北京市朝阳分理处 010123450000056888			密码区	（略）		
货物或应税劳务名称	规格型号	单　位	数　量	单　价	金　额	税　率	税　额
A材料		千克	500	110.00	55000.00	17%	9350.00
B材料		千克	1200	60.00	72000.00	17%	12240.00
合　计					¥127000.00		¥21590.00
价税合计（大写）	⊗壹拾肆万捌仟伍佰玖拾元整					（小写）	¥148590.00
销货单位	名　称：承德顺成批发公司 纳税人识别号：1443689365405490 地 址 、电 话：承德市万寿路23号 0311-62415876 开户行及账号：工行承德市支行 229967860019			备注	承德顺成批发公司 1443689365405490 发票专用章		

收款人：　　复核：　　开票人：　　销货单位（章）

第二联 发票联 购货方记账凭证

图 2.39

	运费单据	字第 15 号
人民币	壹仟叁佰陆拾元整	¥ 1360.00
	上款系　运费 此　　致	
		领收人：承德金升运输公司
	台　照	2012 年 10 月 15 日

负责人：　　会计：　　出纳：　　经手人：

对于购买 A 材料、B 材料发生的运费 1 200 元，要求按材料的重量比例进行分配，其计算结果如下。

图 2.40　　**材料运费分配表**　　单位：元

材料名称	重　量（千克）	运费总额	分配率（元/千克）	分配金额
A 材料	500	1 360.00	0.8	400.00
B 材料	1 200			960.00

会计主管：　　记账：　　制单：

图 2.41　　**工商银行电汇凭证**（回单）　　1

☑普通　☐加急　　委托日期 2012 年 10 月 15 日

汇款人	全　称	北京通益有限责任公司	收款人	全　称	承德顺成批发公司
	账　号	010123450000056888		账　号	229967860019
	汇出地点	省北京市/县		汇入地点	河北省承德市/县
汇出行名称		工行北京市朝阳分理处	汇入行名称		工行承德市支行
金额	人民币（大写）	壹拾肆万玖仟玖佰伍拾元整	亿 千 百 十 万 千 百 十 元 角 分		¥ 1 4 9 9 5 0 0 0
中国工商银行北京市朝阳分理处 2012.10.15 转 模拟 讫 汇出行盖章			支付密码		
			附加信息及用途：支付购料款 复核　　记账		

此联是汇出行给汇款人的回单

知识链接

汇兑根据划转款项的不同方法及传递方式的不同可以分为信汇和电汇两种，由汇款人自行选择。其中电汇凭证一式三联，第一联为“回单”，是汇出行给汇款人的回单；第二联为“借方凭证”，是汇出银行办理转账付款的支款凭证；第三联为“汇款依据”，汇出行凭此向汇入行拍发电报汇出汇款。在当前的电子信息时代，计算机网络普通应用，使得电汇成为最常用的汇兑结算方式。

7）10月17日，15日购入的材料运到并验收入库。其相关原始凭证如图2.42所示。

图2.42

收 料 单

供应单位：承德顺成批发公司

材料科目：原材料　　　　　　　　　　　　　　　　　　　　发票号码：00904

材料类别：原料　　　　　　2012年10月17日　　　　　　收料仓库：一仓库、二仓库

材料名称	规格	计量单位	数量		实际成本/元				计划成本/元	
			应收	实收	买价		运杂费	合计	计划单位成本	金额
					单价	金额				
A材料		千克	500	500	110	55000	400	55400	105	52000
B材料		千克	1200	1200	60	72000	960	72960	65	78000
合　计						127000	1360	128360		130522

记账：　　　　　　　　　　收料：　　　　　　　　　　制单：

8）10月22日，从外地购入B材料600千克，材料到达，但未收到单据。

9）10月30日，汇总本月领料情况。其相关原始凭证如图2.43所示。

图2.43

领料凭证汇总表

2012年10月30日　　　　　　　　　　单位：元

用　途	材料品名	数量/千克	计划单位成本	计划成本
甲产品耗用	A材料	1 900	105.00	199 500
乙产品耗用	B材料	1 280	65.00	83 200
车间一般耗用	A材料	300	105.00	31 500
管理部门领用	B材料	200	65.00	13 000
销售部门展览用	A材料	10	105.00	1 050
销售部门展览用	B材料	20	65.00	1 300
合　计				329 550

10）30日，根据本月原材料期初余额及本月购入材料情况，自行计算本月材料成本差异率，同时计算结转本月发出材料负担的材料成本差异。其相关原始凭证如图2.44、图2.45所示。

温馨提示

材料成本差异率的计算公式为：材料成本差异率＝（期初结存材料成本差异＋本月增加材料成本差异）÷（期初结存材料计划成本＋本月增加材料计划成本）

图2.44

发出材料成本差异计算表

材料名称：A材料　　　　　　2012年10月30日　　　　　　单位：元

用　途	计划成本	差异率（%）	差异额
甲产品耗用	199 500		
车间一般耗用	31 500		
销售部门展览用	1 050		
合　计	232 050		

图 2.45

发出材料成本差异计算表

材料名称：B 材料　　2012 年 10 月 30 日　　单位：元

用　途	计划成本	差异率（%）	差异额
乙产品耗用	83200		
管理部门领用	13000		
销售部门展览用	1300		
合　计	97500		

11）对于实训 8，购入 B 材料 600 千克到月末仍未收到单据，按计划成本暂估入账。

实训 2.3　周转材料核算演练

业务资料

通益公司周转材料的核算方法用实际成本核算方法，2012 年 10 月份发生的有关周转材料增加、发出业务如下。

1）10 月 5 日，从本市塑料袋厂购入包装袋 2 000 个，货款已付并验收入库。其相关原始凭证如图 2.46、图 2.47、图 2.48 所示。

图 2.46

包装物入库单

2012 年 10 月 05 日　　单位：元

品　名	单　位	数　量	单　价	金　额	备　注
包装袋	个	2000	3.00	6000.00	

缴库人：　　验收人：

图 2.47

北京增值税专用发票

发　票　联

（印章：全国统一发票监制章　北京　国家税务总局监制）

开票日期：2012 年 10 月 05 日

购货单位	名　　称：北京通益有限责任公司 纳税人识别号：010543213337789 地 址 、电 话：北京市王府井大街 119 号　010-12345678 开户行及账号：工行北京市朝阳分理处 010123450000056888				密码区	（略）	
货物或应税劳务名称	规格型号	单　位	数　量	单　价	金　额	税　率	税　额
包装袋		个	2000	3.00	6000.00	17%	1020.00
合　计					¥6000.00	17%	¥1020.00
价税合计（大写）	⊗柒仟零贰拾元整					（小写）	¥7020.00
销货单位	名　　称：北京市塑料袋厂 纳税人识别号：010879613314266 地 址 、电 话：北京市昌平区北七家 4 号　010-88677889 开户行及账号：建行北京市分行 111890391268720				备注	（印章：北京市塑料袋厂　010879613314266　发票专用章）	

第二联　发票联　购货方记账凭证

收款人：　　复核：　　开票人：　　销货单位（章）

图 2. 48

中国工商银行
转账支票存根
000000013

附加信息＿＿＿＿＿＿＿＿

签发日期：2012 年 10 月 05 日

收款人：	北京市塑料袋厂
金　额：	¥7020. 00
用　途：	购包装袋

单位主管　　　　会计

2）10 月 9 日，二车间领用钳子、笤帚、拖布，采用一次摊销法摊入成本费用。其相关原始凭证如图 2. 49 所示。

图 2. 49

低值易耗品出库单

仓库：二仓库　　　　2012 年 10 月 09 日　　　　金额单位：元

品　名	单　位	数　量	单　价	金　额	备　注
钳子	把	10	15. 00	150. 00	采用一次摊销法
笤帚	把	10	2. 00	20. 00	采用一次摊销法
拖布	把	10	5. 00	50. 00	采用一次摊销法
合　计				220. 00	

存根

主管：　　　　会计：　　　　记账：　　　　制单：

小知识

周转材料领用时采用的摊销方法有：一次摊销法、分期摊销法、五五摊销法。对于领用周转材料金额较小的，通常采用一次摊销法，即领用时一次性计入当期费用。

3）10 月 13 日，从本市五金批发站购入钳子 100 把。其相关原始凭证如图 2. 50、图 2. 51、图 2. 52 所示。

图 2. 50

北京市国家税务局通用机打发票

发　票　联

发票代码 11100082000

开票日期：2012 年 10 月 13 日　　　　发票号码 11248

货物或应税劳务名称	规格型号	单　位	数　量	单　价	金　额
钳子		把	100	15. 00	1500. 00
顾客名称及地址	北京通益有限责任公司				
合计金额（大写）	⊗壹仟伍佰元整			合计金额（小写）	¥1500. 00
开票人		收款人		税务登记号	

图 2. 51　　现金支出凭单

附件 1 张　　2012 年 10 月 13 日　　第 25 号

用款事项：购买低值易耗品

人民币

（大写）：壹仟伍佰元整　　¥1500. 00

收款人	主管人员	会计人员	出纳员付讫	
（签章）	（签章）	（签章）	（签章）	现金付讫

图 2. 52　　低值易耗品入库单

2012 年 10 月 13 日　　金额单位：元

品　名	单　位	数　量	单　价	金　额	备　注
钳子	把	100	15. 00	1500. 00	
合　计				1500. 00	

缴库人：　　验收人：

4）10 月 14 日，厂部领用笤帚、拖布，采用一次摊销法摊入成本费用。其相关原始凭证如图 2. 53 所示。

图 2. 53　　低值易耗品出库单

仓库：二仓库　　2012 年 10 月 14 日　　金额单位：元

品　名	单　位	数　量	单　价	金　额	备　注
笤帚	把	10	2. 00	20. 00	采用一次摊销法
拖布	把	10	5. 00	50. 00	采用一次摊销法
合　计				70. 00	

存根

主管：　　会计：　　记账：　　制单：

小思考：企业销售产品领用包装物应如何计价？

5）10 月 15 日，公司因销售商品领用不单独计价的包装物。其相关原始凭证如图 2. 54 所示。

图 2. 54　　包装物出库单

仓库：一仓库　　2012 年 10 月 15 日　　金额单位：元

品　名	单　位	数　量	单　价	金　额	备　注
包装袋	个	200	3. 00	600. 00	采用一次摊销法
合　计				600. 00	

存根

主管：　　会计：　　记账：　　制单：

6）10 月 17 日，一车间领用专用工具一批。其相关原始凭证如图 2.55 所示。

图 2.55

低值易耗品出库单

仓库：一仓库　　2012 年 10 月 17 日　　金额单位：元

品　名	单　位	数　量	单　价	金　额	备　注
专用工具	把	300	30.00	9000.00	采用五五摊销法
合　计				9000.00	

存根

主管：　　会计：　　记账：　　制单：

7）10 月 20 日，公司因销售商品领用单独计价包装物（同时结转销售成本）。其相关原始凭证如图 2.56、图 2.57、图 2.58 所示。

图 2.56

包装物出库单

仓库：一仓库　　2012 年 10 月 20 日　　金额单位：元

品　名	单　位	数　量	单　价	金　额	备　注
包装袋	个	500	3.00	1500.00	
合　计				1500.00	

缴库人：　　验收人：

图 2.57

北京增值税专用发票

发　票　联

开票日期：2012 年 10 月 20 日

购货单位	名　　称：北京市三里屯凯玛超市 纳税人识别号：010896771123014 地 址 、电 话：北京三里屯　010－62840751 开户行及账号：中行北京市三里屯支行 010669870036666101				密码区	（略）		
货物或应税劳务名称	规格型号	单　位	数　量	单　价	金　额	税　率	税　额	
包装袋		个	500	7.00	3500.00	17%	595.00	
合　　计					¥3500.00		¥595.00	
价税合计（大写）	⊗肆仟零玖拾伍元整					（小写）	¥4095.00	
销货单位	名　　称：北京通益有限责任公司 纳税人识别号：010543213337789 地 址 、电 话：北京市王府井大街 119 号　010－12345678 开户行及账号：工行北京市朝阳分理处 010123450000056888				备注	北京通益有限责任公司 010543213337789 发票专用章		

第二联　发票联　购货方记账凭证

收款人：　　复核：　　开票人：　　销货单位（章）

图2.58　　　　中国工商银行 进 账 单（收账通知）　　　　3

2012 年 10 月 20 日

出票人	全　称	北京市三里屯凯玛超市	收款人	全　称	北京通益有限责任公司
	账　号	01066987003666101		账　号	010123450000056888
	开户银行	中行北京市三里屯支行		开户银行	工行北京市朝阳分理处
金额	人民币（大写）	肆仟零玖拾伍元整		亿 千 百 十 万 千 百 十 元 角 分	￥ 4 0 9 5 0 0
票据种类	支票	票据张数	1		
票据号码	101				
复核　　记账				收款人开户银行签章	

（中国工商银行北京市朝阳分理处 2012.10.20 转讫）

此联是收款人开户银行交给收款人的收账通知

小思考：企业销售商品领用单独计价包装物与不单独计价包装物的会计分录是不是一样的呢？

8）10 月 22 日，公司有一批专用工具报废了，其实际成本为 5 000 元（采用五五摊销法）。

相关链接

五五摊销法

五五摊销法是指低值易耗品在领用时先摊销其账面价值的一半，在报废时再摊销其账面价值的另一半，即低值易耗品分两次各按50%进行摊销。五五摊销法通常既适用于价值较低、使用期限较短的低值易耗品，也适用于每期领用数量和报废数量大致相等的低值易耗品。

9）10 月 25 日，从本市化纤日用品批发站购入笤帚、拖布。其相关原始凭证如图 2.59、图 2.60、图 2.61 所示 。

图2.59　　　　北京市国家税务局通用机打发票

发票联

发票代码 11100082100

开票日期：2012 年 10 月 25 日　　　　发票号码 98999

货物或应税劳务名称	规格型号	单　位	数　量	单　价	金　额
笤帚		把	100	2.00	200.00
拖布		把	100	5.00	500.00
顾客名称及地址	北京通益有限责任公司				
合计金额（大写）	⊗柒佰元整			合计金额（小写）	￥700.00
开票人		收款人		税务登记号	

图 2.60

现金支出凭单

附件 1 张　　2012 年 10 月 25 日　　第 26 号

用款事项：购买低值易耗品

人民币
（大写）：柒佰元整　　¥700.00

收款人	主管人员	会计人员	出纳员付讫	
（签章）	（签章）	（签章）	（签章）	现金付讫

知识链接

现金支付使用范围

1. 职工工资、津贴、奖金。
2. 个人劳务报酬。
3. 福利。
4. 收购单位向个人收购农副产品和其他物资的价款。
5. 出差人员必须随身携带的差旅费。
6. 结算起点（1 000 元）以下的零星支出。
7. 中国人民银行确定需要现金支付的其他支出。

图 2.61

低值易耗品入库单

2012 年 10 月 25 日　　金额单位：元

品名	单位	数量	单价	金额	备注
笤帚	把	100	2.00	200.00	一次摊销法
拖布	把	100	5.00	500.00	
合计				700.00	

缴库人：　　验收人：

10）10 月 25 日，车间领用包装袋。其相关原始凭证如图 2.62 所示。

图 2.62

包装物出库单

仓库：一仓库　　2012 年 10 月 25 日　　金额单位：元

品名	单位	数量	单价	金额	备注
包装袋	个	50	3.00	150.00	一次摊销法
合计				150.00	

主管：　　会计：　　记账：　　制单：

小知识

企业领用包装物同样可以采用分次摊销法、五五摊销法，与低值易耗品的处理方法相同。

实训 2.4　拓展训练

业务资料

通益公司的原材料采用实际成本核算，发出 A、B 材料计价方法采用加权平均法。假设发出 C 材料采用个别计价法，期初结存资料如下。

① A 材料期初结存数量 1 000 千克，单价 110 元，计 110 000 元。

② B 材料期初结存数量 500 千克，单价 62 元，计 31 000 元。

③ C 材料期初结存数量 500 千克，单价 60 元，计 30 000 元。

2012 年 6 月份发生的有关材料收入、发出业务如下。

1）4 日，从本市四通公司购入材料，材料入库，尚未付款。其相关原始凭证如图 2. 63、图 2. 64、图 2. 65 所示。

图 2. 63

北京增值税专用发票

（印章：全国统一发票监制章 国家税务总局监制）

发　票　联　　　开票日期：2012 年 06 月 04 日

购货单位	名　　称：北京通益有限责任公司 纳税人识别号：010543213337789 地 址 、电 话：北京市王府井大街 119 号　010－12345678 开户行及账号：工行北京市朝阳分理处 010123450000056888	密码区	（略）

货物或应税劳务名称	规格型号	单　位	数　量	单　价	金　额	税　率	税　额
A 材料		千克	1000	108. 00	108000. 00	17%	18360. 00
合　　计					¥108000. 00		¥18360. 00
价税合计（大写）	⊗壹拾贰万陆仟叁佰陆拾元整					（小写）	¥126360. 00

销货单位	名　　称：北京四通公司 纳税人识别号：010127890021056811 地 址 、电 话：北京市西单大街 118 号　010－85432424 开户行及账号：中行北京市宣武分理处 010990060540038760	备注	（印章：北京四通公司 010127890021056811 发票专用章）

收款人：　　　复核：　　　开票人：　　　销货单位（章）

第二联 发票联 购货方记账凭证

图 2.64

运费统一结算发票

单位：北京通益有限责任公司　　2012 年 06 月 04 日　　运字：002

货物名称	单位	数量	千米	吨公里	运率	金额
A 材料	千克	1000			0.30	300.00
合计（大写）	叁佰元整					¥300.00

北京新达运输公司　98765432101234567 8　发票专用章

会计：　　出纳：　　制单：　　开票单位：北京新达运输公司

图 2.65

收　料　单

供应单位：北京四通公司

材料科目：原材料　　发票号码：00601

材料类别：原料　　2012 年 06 月 04 日　　收料仓库：一仓库

材料名称	规格	计量单位	数量		实际成本/元					
			应收	实收	买价		运杂费	其他	合计	单位成本
					单价	金额				
A 材料		千克	1000	1000	108	108000	279		108279	108.279
合　计										

记账：　　收料：　　制单：

2）5 日，公司委托本市昌盛公司加工一批甲产品，发出 C 材料 500 千克，并以现金支付运杂费。其相关原始凭证如图 2.66、图 2.67 所示。

图 2.66

领　料　单

2012 年 06 月 05 日　　字第 06 号

材料编号	103	材料名称	C 材料	规格	数量 500
计量单位	千克	单价	60.00	金额	亿千百十万千百十元角分 ¥30000000
用途及摘要	委托加工				
仓库意见	同意	领料人	单义新		

图 2.67

运 费 单 据

字第 15 号

人民币　叁佰元整　　¥300.00

上款系　运费

此　致

领收人：北京新达运输公司

台　照　　2012 年 06 月 05 日

负责人：　　会计：　　出纳：　　经手人：

小思考：企业支付运费，没有取得运费发票，运费是否按 7% 扣税？

3）6 月 6 日，预付货款。其相关原始凭证如图 2.68 所示。

图 2.68

中国工商银行电汇凭证（回单）　　1

☑普通　□加急　　委托日期 2012 年 06 月 06 日

汇款人	全称	北京通益有限责任公司	收款人	全称	张家口顺意批发公司
	账号	010123450000056888		账号	001587796566311
	汇出地点	省北京市/县		汇入地点	河北省张家口市/县
汇出行名称		工行北京市朝阳分理处	汇入行名称		工行张家口市支行
金额	人民币（大写）	贰拾万元整	亿 千 百 十 万 千 百 十 元 角 分		¥ 2 0 0 0 0 0 0 0
			支付密码		
			附加信息及用途：预付材料款		
汇出行盖章			复核　记账		

（印章：中国工商银行北京市朝阳分理处 2012.06.06 转讫）

此联是汇出行给汇款人的回单

4）6 月 7 日，从天津市利得公司购入 B 材料 2 000 千克，材料未到。其相关原始凭证如图 2.69、图 2.70、图 2.71 所示。

图 2.69

运费统一结算发票

单位：天津利得公司　　2012 年 06 月 07 日　　运字：005

货物名称	单位	数量	千米	吨公里	运率	金额
B 材料	千克	2000			0.50	1000.00
合计（大写）	壹仟元整					¥1000.00

会计：　出纳：　制单：　开票单位：天津环日运输公司

（印章：天津环日运输公司 123456789012345678 发票专用章）

图 2.70

天津增值税专用发票

（印章：全国统一发票监制章 国家税务总局监制）

发　票　联　　开票日期：2012 年 06 月 07 日

购货单位	名　　称：北京通益有限责任公司 纳税人识别号：010543213337789 地 址 、电 话：北京市王府井大街 119 号　010－12345678 开户行及账号：工行北京市朝阳分理处 010123450000056888				密码区	（略）	
货物或应税劳务名称	规格型号	单位	数量	单价	金额	税率	税额
B 材料		千克	2000	65.00	130000.00	17%	22100.00
合　计					¥130000.00		¥22100.00
价税合计（大写）	⊗壹拾伍万贰仟壹佰元整					（小写）	¥152100.00
销货单位	名　　称：天津利得公司 纳税人识别号：020458896300014792 地 址 、电 话：天津市富康路 120 号　022－63303820 开户行及账号：中行天津市支行 020458896300014				备注	（印章：天津利得公司 020458896300014792 发票专用章）	

收款人：　复核：　开票人：　销货单位（章）

第二联　发票联　购货方记账凭证

图 2.71

商业承兑汇票（存根）　　　3

出票日期（大写）贰零壹贰年零陆月零柒日　　　汇票号码 2546755

付款人	全　称	北京通益有限责任公司	收款人	全　称	天津利得公司
	账　号	010123450000056888		账　号	020458896300014
	开户银行	工行北京市朝阳分理处		开户银行	中行天津市支行

出票金额	人民币（大写）壹拾伍万叁仟壹百元整	亿	千	百	十	万	千	百	十	元	角	分
				¥	1	5	3	1	0	0	0	0

汇票到期日（大写）	贰零壹贰年零玖月零柒日	付款人开户行	行　号	
			地　址	
交易合同号码		备注：		
北京通益有限责任公司 财务专用章　出票人签章				

5）6 月 8 日，支付票据款。其相关原始凭证如图 2.72 所示。

图 2.72

中国工商银行

转账支票存根

000000025

附加信息

签发日期：2012 年 06 月 08 日

收款人：	北京四通公司
金　额：	¥117000.00
用　途：	支付票据款

单位主管　　　会计

6）6 月 10 日，支付加工费。其相关原始凭证如图 2.73 所示。

图 2.73

中国工商银行
转账支票存根
000000026
附加信息

签发日期：2012 年 06 月 10 日

收款人：	北京昌盛公司
金　额：	¥15000.00
用　途：	支付加工费

单位主管　　　　会计

7）承接实训 2）和实训 6），6 月 11 日，收回委托加工产品验收入库。其相关原始凭证如图 2.74、图 2.75、图 2.76 所示。

图 2.74

运 费 单 据　　　　字第 20 号

人民币　伍佰元整　　　　¥500.00

上款系　运费

此　　致

领收人：北京新达运输公司

台　照　　　　2012 年 06 月 11 日

负责人：　　　　会计：　　　　出纳：　　　　经手人：

小知识

企业委托加工物资支付的加工费属于应税劳务，如果取得受托方签发的增值税发票，委托方除支付加工费还应该支付进项税。

图 2.75

中国工商银行
转账支票存根
000000027
附加信息

签发日期：2012 年 06 月 11 日

收款人：	北京昌盛公司
金　额：	¥500.00
用　途：	支付运杂费

单位主管　　　　会计

图 2.76

库存商品入库单

2012 年 06 月 11 日

品名	单位	数量	单价/元	金额/元	备注
甲产品	个	500	91.60	45800.00	委托加工商品成本＝30000＋300＋15000＋500＝45800（元）
合　计				45800.00	

缴库人：　　　　　　　　　　　　　　　　　　　　验收人：

8）6 月 15 日，收到张家口顺意批发公司发来的 A 材料，验收入库，收到支票一张并存入银行。其相关原始凭证如图 2.77、图 2.78、图 2.79、图 2.80 所示。

图 2.77

河北增值税专用发票

发　票　联

开票日期：2012 年 06 月 15 日

购货单位	名　　称：北京通益有限责任公司 纳税人识别号：010543213337789 地 址 、电 话：北京市王府井大街 119 号　010－12345678 开户行及账号：工行北京市朝阳分理处 010123450000056888	密码区	（略）				
货物或应税劳务名称	规格型号	单　位	数　量	单　价	金　额	税　率	税　额
A 材料		千克	1000	105.00	105000.00	17%	17850.00
合　　计					￥105000.00	17%	￥17850.00
价税合计（大写）	⊗壹拾贰万贰仟捌佰伍拾元整					（小写）	￥122850.00
销货单位	名　　称：张家口顺意批发公司 纳税人识别号：001577869334597 地 址 、电 话：张家口市黄河路 88 号　0311－42393843 开户行及账号：建行张家口市支行 001587796566311	备注	张家口顺意批发公司 001577869334597 发票专用章				

第二联　发票联　购货方记账凭证

收款人：　　　　　复核：　　　　　开票人：　　　　　销货单位（章）

图 2.78

运费统一结算发票

单位：北京通益有限责任公司　　　　2012 年 06 月 15 日　　　　运字：014

货物名称	单位	数量	千米	吨公里	运率	金额
A 材料	千克	1000			1.00	1000.00
合计（大写）	壹仟元整					￥1000.00

会计：　　　　　出纳：　　　　　制单：　　　　　开票单位：张家口光明运输公司

图 2. 79

收　料　单

供应单位：张家口顺意批发公司
材料科目：原材料　　　　发票号码：00602
材料类别：原料　　　　2012 年 06 月 15 日　　　　收料仓库：一仓库

材料名称	规格	计量单位	数量		实际成本/元					
			应收	实收	买价		运杂费	其他	合计	单位成本
					单价	金额				
A 材料		千克	1000	1000	105	105000	930		105930	105. 93
合　计										

记账：　　　　收料：　　　　制单：

图 2. 80

中国工商银行 **进 账 单**（收账通知）　　3

2012 年 06 月 15 日

出票人	全　称	张家口顺意批发公司	收款人	全　称	北京通益有限责任公司
	账　号	001587796566311		账　号	010123450000056888
	开户银行	工行张家口市支行		开户银行	工行北京市朝阳分理处
金额	人民币（大写）	柒万陆仟壹佰伍拾元整		亿千百十万千百十元角分	¥ 7 6 1 5 0 0 0
票据种类	支票	票据张数	1		
票据号码	231				
	复核	记账		收款人开户银行签章	

中国工商银行北京市朝阳分理处 2012.06.15 转讫

此联是收款人开户银行交给收款人的收账通知

9）6 月 16 日，7 日从天津利得公司购入的材料到达，验收入库。其相关原始凭证如图 2. 81 所示。

图 2. 81

收　料　单

供应单位：天津利得公司
材料科目：原材料　　　　发票号码：00603
材料类别：原料　　　　2012 年 06 月 16 日　　　　收料仓库：一仓库

材料名称	规格	计量单位	数量		实际成本/元					
			应收	实收	买价		运杂费	其他	合计	单位成本
					单价	金额				
B 材料		千克	2000	2000	65	130000	930		130930	65. 465
合　计										

记账：　　　　收料：　　　　制单：

10）6 月 20 日，汇集各部门领用材料的情况，采用加权平均法计算材料单位成本填下表。其相关原始凭证如图 2. 82 所示。

图 2.82

领料凭证汇总表

2012 年 06 月 18 日　　　　单位：元

用　途	材料品名	数量（千克）	实际单位成本	实际成本
甲产品耗用	A 材料	1 000		
乙产品耗用	B 材料	500		
车间一般耗用	A 材料	300		
管理部门领用	B 材料	1 000		
销售部门展览用	A 材料	150		
合　计				

11）6 月 25 日，将不需用的 B 材料 500 千克对外销售（随时结转材料成本）。其相关原始凭证如图 2.83、图 2.84、图 2.85 所示。

图 2.83

领 料 单

2012 年 06 月 05 日　　　　字第 07 号

材料编号	102	材料名称	B 材料	规格		数量	500
计量单位	千克	单价	64.772	金额	亿千百十万千百十元角分 ¥ 3 2 3 8 6 0 0		
用途及摘要	对外销售						
仓库意见	同意	领料人	单义新				

图 2.84

北京增值税专用发票

记　账　联

开票日期：2012 年 06 月 25 日

购货单位	名　　称：北京景然公司 纳税人识别号：100254558837788 地 址 、电 话：北京市西二旗 23 号　010－869035998 开户行及账号：中行北京市支行 000647847656					密码区	（略）
货物或应税劳务名称	规格型号	单　位	数　量	单　价	金　额	税　率	税　额
B 材料		千克	500	70.00	35000.00	17%	5950.00
合　计					¥35000.00	17%	¥5950.00
价税合计（大写）	⊗肆万零玖佰伍拾元整					（小写）	¥40950.00
销货单位	名　　称：北京通益有限责任公司 纳税人识别号：010543213337789 地 址 、电 话：北京市王府井大街 119 号　010－12345678 开户行及账号：工行北京市朝阳分理处 01012345000056888					备注	北京通益有限责任公司 010543213337789 发票专用章

第三联 记票联 销货方记账凭证

收款人：　　复核：　　开票人：　　销货单位（章）

图 2.85

中国工商银行 进 账 单（收账通知）　　3

2012 年 06 月 25 日

出票人	全　　称	北京景然公司	收款人	全　　称	北京通益有限责任公司
	账　　号	000647847656		账　　号	010123450000056888
	开户银行	中行北京市支行		开户地点	工行北京市朝阳分理处
金额	人民币（大写）	肆万零玖佰伍拾元整		亿千百十万千百十元角分	¥40950.00
票据种类	支票	票据张数	1		
票据号码	56				
复核　记账				收款人开户银行签章	

中国工商银行北京市朝阳分理处 2012.06.25 转讫

此联是收款人开户银行交给收款人的收账通知

12）6 月 29 日，销售甲产品，并已发出产品（随时结转产品成本）。其相关原始凭证如图 2.86、图 2.87、图 2.88 所示。

图 2.86

北京增值税专用发票

记 账 联

开票日期：2012 年 06 月 29 日

购货单位	名称：上海鑫丰日用品公司 纳税人识别号：020634558855410 地址、电话：上海市红旗路大街 90 号　021－62005400 开户行及账号：中行 02025889000773699			密码区	（略）		
货物或应税劳务名称	规格型号	单位	数量	单价	金额	税率	税额
甲产品		个	500	200.00	100000.00	17%	17000.00
合　　计					¥100000.00		¥17000.00
价税合计（大写）	⊗壹拾壹万柒仟元整				（小写）¥117000.00		
销货单位	名称：北京通益有限责任公司 纳税人识别号：0105432113337789 地址、电话：北京市王府井大街 119 号　010－12345678 开户行及账号：工行北京市朝阳分理处 010123450000056888			备注	北京通益有限责任公司 010543213337789 发票专用章		

收款人：　　复核：　　开票人：　　销货单位（章）

第三联 记票联 销货方记账凭证

图 2.87

商品销售成本计算单

2012 年 06 月 29 日

商品名称	销售数量/个	单位成本/元	总成本/元
甲产品	500	91.6	45 800.00
合　计			45 800.00

主管：　　会计：　　记账：　　制单：

图 2.88

托收凭证（回单联）　　1

2012 年 06 月 29 日

业务类型	委托收款（☐邮划、☐电划）			托收承付（☐邮划、☑电划）		
付款人 全称	上海鑫丰日用品公司		收款人 全称	北京通益有限责任公司		
付款人 账号	020258890000773699		收款人 账号	010123450000056888		
付款人 地址	上海 省/市	开户行：中国银行上海支行	收款人 地址	北京 省/市	开户行：工行北京市朝阳分理处	
金额 人民币（大写）	壹拾壹万柒仟元整			亿千百十万千百十元角分	¥ 1 1 7 0 0 0 0 0	
款项内容	销货款	托收凭据名称	增值税专用发票等	附寄单证张数	3	
商品发运情况				合同名称号码		
备注： 复核　　记账	款项收妥日期 年　月　日		收款人开户银行签章 2012 年 06 月 29 日			

工商银行北京市 朝阳分理处 2012.06.29 转 讫

此联是收款人开户银行给收款人的回单

课后延伸

资产负债表日，存货应当按照成本与可变现净值孰低计量。存货成本高于其可变现净值的，应当计提存货跌价准备，计入当期损益。

借：资产减值损失

　　贷：存货跌价准备

例：安达公司 2012 年 12 月末，其存货成本为 50 000 元，存货可变现净值为 45 000 元，“存货跌价准备”账户贷方余额为 3 000 元。

本月计提“存货跌价准备”=(50 000 −45 000) −3 000 =2 000（元）

借：资产减值损失　　2 000

　　贷：存货跌价准备　　2 000

我是商品流通企业会计，负责商场商品购销存的核算。

实训 2.5　商业企业商品存货实训

实训要求

1. 审核原始凭证，根据发生的经济业务填制记账凭证。
2. 按旬编制科目汇总表，采用记账凭证汇总表核算形式，登记总账。

3. 对库存商品的计价，批发采用“进价核算”，零售采用“售价（含税）核算”。
4. 销售成本的结转，批发采用“个别计价”结转，零售采用“不含税售价”结转。

实训资料

企业概况

企业名称	北京市光明商场	法定代表人	王华
注册地址	北京市中山路 108 号	注册资本	60 万元
企业类型	有限责任公司	经营范围及主要产品	日用产品
经营方式	批零兼营	开户行	中国工商银行北京市西单分理处
账　　号	01023404353910348	税务登记证号	010004353910331
纳税人类型	一般纳税人	增值税率	17%
企业组织机构：企业下设办公室、供应部、销售部等			

1）10 月 1 日，以前采购的商品到达入库。其相关原始凭证如图 2. 89 所示。

图 2. 89

光明商场收货单

2012 年 10 月 01 日　　　　第 8789 号

供货单位：深圳振兴针织厂				收货部门：针织品批发部			
商品编号	品名	规格	单位	应收数量	实收数量	单价/元	金额/元
	1 号商品		条	200	200	25. 00	5000
	2 号商品		条	500	500	14. 00	7000
	3 号商品		条	800	800	5. 50	4400
	合　计						16400

会计记账联

注：上月未入库，款未付。　　（有关人员签章）

2）10 月 1 日，采购商品。其相关原始凭证如图 2. 90、图 2. 91、图 2. 92、图 2. 93 所示。

图 2. 90

广东增值税专用发票

全国统一发票监制章 国家税务总局监制

发　票　联　　　　开票日期：2012 年 10 月 01 日

购货单位	名　　称：北京市光明商场 纳税人识别号：010004353910331 地 址 、电 话：北京市中山路 108 号　010-88251319 开户行及账号：工行北京市西单分理处 010123404353910348					密码区	（略）
货物或应税劳务名称	规格型号	单　位	数　量	单　价	金　额	税　率	税　额
4 号商品		个	100	65. 00	6500. 00	17%	1105. 00
5 号商品		个	200	110. 00	22000. 00	17%	3740. 00
合　计			300		¥28500. 00	17%	¥4845. 00
价税合计（大写）	⊗叁万叁仟叁佰肆拾伍元整					（小写）	¥33345. 00
销货单位	名　　称：广东飞鸿集团 纳税人识别号：678566965407810 地 址 、电 话：广东省佛山市玉泉路 88 号　020-54178481 开户行及账号：中行佛山市支行 103772268703					备注	广东飞鸿集团 678566965407810 发票专用章

第二联 发票联 购货方记账凭证

收款人：　　复核：　　开票人：　　销货单位（章）

图2.91

光明商场收货单

2012年10月01日　　　　第8812号

供货单位：广东飞鸿集团　　　　收货部门：家电批发部

商品编号	品名	规格	单位	应收数量	实收数量	单价/元	金额/元	运费/元	合计/元
	4号商品		个	100	100	65	6500	500	7000
	5号商品		个	200	200	110	22000	1100	23100
	合　计						28500	1600	30100

会计记账联

（暂不考虑运费增值税问题）　　　　（有关人员签章）

图2.92

运费统一结算发票

单位：广东飞鸿集团　　　2012年10月01日　　　运字：002

货物名称	单位	数量	千米	吨公里	运率	金额
4号商品		个	100		5.00	500.00
5号商品		个	200		5.50	100.00
合计（大写）	壹仟陆佰元整					¥1600.00

广东恒通运输公司 1234567890 发票专用章

会计：　　出纳：　　制单：　　开票单位：广东恒通运输公司

图2.93

工商银行电汇凭证（回单）　　　1

☑普通　□加急　　　委托日期2012年10月01日

汇款人	全　称	北京市光明商场	收款人	全　称	广东飞鸿集团
	账　号	0102340435301034 8		账　号	103772268703
	汇出地点	广东省广州市/县		汇入地点	广东省佛山市/县
汇出行名称		工行北京市西单分理处	汇入行名称		中行佛山市支行
金额	人民币（大写）	叁万肆仟玖佰肆拾伍元整		亿千百十万千百十元角分	¥3494500 0
汇出行盖章			支付密码		
			附加信息及用途：付购货款（已预付30000元）		
			复核　记账		

中国工商银行北京市西单分理处 2012.10.01 转讫

3）10月2日，零售柜组销售。其相关原始凭证如图2.94所示。

图 2. 94

光明商场销货收款表

2012 年 10 月 02 日

编号	柜组	销售收入/元	柜组负责人签章	编号	柜组	销售收入/元	柜组负责人签章
1	家电组	100 000. 00	杨兰	6	鞋帽组	6 000. 00	李力
2	针织组	20 000. 00	李红	7	文化组	10 000. 00	何勇
3	糖烟组	30 000. 00	王力	8	化妆组	8 000. 00	孙华
4	布匹组	16 000. 00	高岩				
5	玩具组	38 000. 00	于立		合　计	228 000. 00	
备注	（1）不含税销售收入 = 228 000 ÷ 1. 17 = 194 872（元） （2）销项税额 = 194 872 × 17% = 33 128（元）						

4）10 月 5 日，采购商品，未入库。其相关原始凭证如图 2. 95、图 2. 96、图 2. 97 所示。

图 2. 95

代垫运费结算单

2012 年 10 月 05 日

发货单位：丰台县糖果厂	备注：		
收货单位：北京市光明商场			
承运单位：丰台县汽车运输公司	车号：4121	吨位：10 吨	里程：500 千米
货物件数：15 件	运费：600 元	人民币大写：陆佰元整	

温馨提示

商品流通企业在采购商品过程中发生的运输费、装卸费、保险费及其他可归属于存货采购成本的费用等，应当计入存货的采购成本。企业采购商品进货费用金额较小的，可以在发生时直接计入当期损益。

图 2. 96

北京增值税专用发票

发　票　联

开票日期：2012 年 10 月 05 日

购货单位	名　　称：北京市光明商场 纳税人识别号：010004353910331 地 址 、电 话：北京市中山路 108 号　010 - 88251319 开户行及账号：工行北京市西单分理处 01023404353910348				密码区	（略）	
货物或应税劳务名称	规格型号	单　位	数　量	单　价	金　额	税　率	税　额
6 号商品		千克	500	15. 00	7500. 00	17%	1275. 00
7 号商品		千克	300	20. 00	6000. 00	17%	1020. 00
合　　计			800		¥13500. 00		¥2295. 00
价税合计（大写）	⊗壹万伍仟柒佰玖拾伍元整					（小写）	¥15795. 00
销货单位	名　　称：丰台县糖果厂 纳税人识别号：112266965407812 地 址 、电 话：丰台县文化街　010 - 54835411 开户行及账号：工行北京市丰台支行 103567068223				备注	丰台县糖果厂 112266965407812 发票专用章	

第二联　发票联　购货方记账凭证

收款人：　　　　复核：　　　　开票人：　　　　销货单位（章）

图 2.97

托收凭证（付款通知） 5

委托日期 2012 年 10 月 05 日　　付款期限 2012 年 10 月 05 日

业务类型	委托收款（□邮划、□电划）			托收承付（□邮划、☑电划）			
付款人 全称	北京市光明商场			收款人 全称	丰台县糖果厂		
付款人 账号	01023404353910348			收款人 账号	103567068223		
付款人 地址	北京 省 市	开户行	工行北京市西单分理处	收款人 地址	北京 省 市	开户行	工行北京市丰台支行
金额 人民币（大写）	壹万陆仟叁佰玖拾伍元整			亿 千 百 十 万 千 百 十 元 角 分	¥ 1 6 3 9 5 0 0		
款项内容	销货款	托收凭据名称	增值税专用发票等	附寄单证张数	2		
商品发运情况				全同名称号码			
备注 复核　　记账	付款人开户银行签章 2012 年 10 月 05 日			付款人注意： 1. 根据支付结算办法，上列委托收款（托收承付）款项在付款期限内未提出拒付，即视为同意付款，以此代付款通知。 2. 如需提出全部或部分拒付，应在规定期限内，将拒付理由书并附债务证明退交开户银行。			

（印章：中国工商银行北京市西单分理处 2012.10.05 转 模拟 讫）

此联是收款人开户银行给付款人的按期付款通知

5）10 月 15 日，购买的商品运到，并验收入库。其相关原始凭证如图 2.98、图 2.99、图 2.100 所示。

图 2.98

光明商场收货单

2012 年 10 月 15 日　　第 8856 号

供货单位：北京市光明商场　　收货部门：一仓库

商品编号	品名	规格	单位	应收数量	实收数量	单价/元	金额/元
	6 号商品		千克	500	500	20.00	10000
	7 号商品		千克	300	302	30.00	9060
	合　计						19060

会计记账联

（有关人员签章）

图 2.99

丰台县糖果厂发货单

2012 年 10 月 15 日　　第 5699 号

购货单位：北京市光明商场　　发货仓库：一仓库

商品编号	品名	规格	单位	数量	出厂价	金额/元	零售价
	6 号商品		千克	500	15.00	7500	
	7 号商品		千克	300	20.00	6000	
合　计						13500	
金额大写：壹万叁仟伍佰元整							

会计记账联

（有关人员签章）

图 2. 100　　光明商场商品溢余亏损单

填报单位：糖烟柜

实物负责人：王力　　2012 年 10 月 15 日

商品编号	品名	规格	单位	应收数量	实收数量	溢余、短少数量	单价	升溢金额	损失金额
	7 号商品		千克	300	302	+2	30.00	60.00	
溢损原因	属自然升溢				填报单位负责人意见				
主任批示					财会意见		业务意见		

主管　　复核　　制表

6）10 月 17 日，采购商品，商品入库。其相关原始凭证如图 2. 101、图 2. 102、图 2. 103、图 2. 104 所示。

图 2. 101　　托收凭证（付款通知）　　5

委托日期 2012 年 10 月 17 日　　付款期限 2012 年 10 月 17 日

业务类型	委托收款（☐邮划、☐电划）　托收承付（☐邮划、☑电划）					
付款人 全称	北京市光明商场		收款人 全称	深圳振兴针织厂		
付款人 账号	01023404353910348		收款人 账号	103241368778		
付款人 地址	北京市 省	开户行 工行北京市西单分理处	收款人 地址	广东省深圳市	开户行	工行深圳市支行
金额 人民币（大写）	壹万伍仟零玖拾叁元整			亿千百十万千百十元角分	¥ 1 5 0 9 3 0 0	
款项内容	销货款	托收凭据名称	增值税专用发票等	附寄单证张数	2	
商品发运情况				全同名称号码		
备注： 复核　记账	付款人开户银行签章 （中国工商银行北京西单分理处 2012.10.17 转讫 模拟） 2012 年 10 月 17 日		付款人注意： 1. 根据支付结算办法，上列委托收款（托收承付）款项在付款期限内未提出拒付，即视为同意付款，以此代付款通知。 2. 如需提出全部或部分拒付，应在规定期限内，将拒付理由书并附债务证明退交开户银行。			

此联是收款人开户银行给付款人的按期付款通知

图2.102

广东增值税专用发票

发　票　联

开票日期：2012年10月17日

<table>
<tr><td rowspan="4">购货单位</td><td colspan="5">名　　称：北京市光明商场</td><td rowspan="4">密码区</td><td colspan="3" rowspan="4">（略）</td></tr>
<tr><td colspan="5">纳税人识别号：010004353910331</td></tr>
<tr><td colspan="5">地址、电话：北京市中山路108号　010－88251319</td></tr>
<tr><td colspan="5">开户行及账号：工行北京市西单分理处01023404353910348</td></tr>
<tr><td colspan="2">货物或应税劳务名称</td><td>规格型号</td><td>单位</td><td>数量</td><td>单价</td><td colspan="2">金额</td><td>税率</td><td>税额</td></tr>
<tr><td colspan="2">8号商品</td><td></td><td>条</td><td>100</td><td>30.00</td><td colspan="2">3000.00</td><td>17%</td><td>510.00</td></tr>
<tr><td colspan="2">9号商品</td><td></td><td>条</td><td>500</td><td>6.20</td><td colspan="2">3100.00</td><td>17%</td><td>527.00</td></tr>
<tr><td colspan="2">10号商品</td><td></td><td>条</td><td>800</td><td>8.50</td><td colspan="2">6800.00</td><td>17%</td><td>1156.00</td></tr>
<tr><td colspan="2">合　计</td><td></td><td></td><td>1400</td><td></td><td colspan="2">￥12900.00</td><td></td><td>￥2193.00</td></tr>
<tr><td colspan="2">价税合计（大写）</td><td colspan="8">⊗壹万伍仟零玖拾叁元整　　（小写）￥15093.00</td></tr>
<tr><td rowspan="4">销货单位</td><td colspan="5">名　　称：深圳振兴针织厂</td><td rowspan="4">备注</td><td colspan="3" rowspan="4">深圳振兴针织厂 345966965407812 发票专用章</td></tr>
<tr><td colspan="5">纳税人识别号：345966965407812</td></tr>
<tr><td colspan="5">地址、电话：广东省深圳市宽城区　020－62730158</td></tr>
<tr><td colspan="5">开户行及账号：工行深圳市支行103241368778</td></tr>
</table>

收款人：　　　复核：　　　开票人：　　　销货单位（章）

第二联　发票联　购货方记账凭证

图2.103

光明商场收货单

2012年10月17日　　　　第8896号

供货单位：深圳振兴针织厂　　　　收货部门：糖烟柜

商品编号	品名	规格	单位	应收数量	实收数量	单价/元	金额/元
	8号商品		条	100	100	30.00	3000.00
	9号商品		条	500	500	6.20	3100.00
	10号商品		条	800	800	8.50	6800.00
	合　计						12900.00

注：商品于9月30日验收入库。　　　　（有关人员签章）

会计记账联

图2.104

振兴针织厂发货单

2012年10月17日　　　　第5712号

购货单位：北京市光明商场　　　　发货仓库：二仓库

商品编号	品名	规格	单位	数量	出厂价/元	金额/元	零售价/元
	8号商品		条	100	30.00	3000.00	
	9号商品		条	500	6.20	3100.00	
	10号商品		条	800	8.50	6800.00	
			合　计			12900.00	

金额大写：壹万贰仟玖佰元整

（有关人员签章）

会计记账联

7）10月20日，销售商品。其相关原始凭证如图2.105、图2.106、图2.107所示。

图2.105

光明商场发货单

2012年10月20日　　　　第9012号

购货单位：广州兰天商场				发货部门：针织批发部				
商品编号	品名	规格	单位	数量	批发价/元	金额/元	零售价/元	金额/元
	8号商品		条	500	34.00	17000.00		
	9号商品		条	1000	9.00	9000.00		
	10号商品		条	1000	12.50	12500.00		
合　计						38500.00		
金额大写：叁万捌仟伍佰元整								

会计记账联

（有关人员签章）

图2.106

中国工商银行 进 账 单（收账通知）　3

2012年10月20日

出票人	全　　称	广州兰天商场	收款人	全　　称	北京市光明商场
	账　　号	103564623961		账　　号	01023404353910348
	开户银行	农行东街办事处		汇入地点	工行北京市西单分理处
金额	人民币（大写）	肆万伍仟零肆拾伍元整		亿千百十万千百十元角分	¥45045.00
票据种类	支票	票据张数	1		
票据号码	205				
复核　　记账				收款人开户银行签章	

中国工商银行北京市西单分理处 2012.10.20 转讫

此联是收款人开户银行交给收款人的收账通知

图2.107

北京增值税专用发票

记　账　联

开票日期：2012年10月20日

购货单位	名　　称：广州兰天商场 纳税人识别号：66734554534890 地 址 、电 话：广州市东街89号　020－54134867 开户行及账号：中国农业银行东街办事处103564623961				密码区	（略）	
货物或应税劳务名称	规格型号	单　位	数　量	单　价	金　额	税　率	税　额
8号商品		条	500	34.00	17000.00	17%	2890.00
9号商品		条	1000	9.00	9000.00	17%	1530.00
10号商品		条	1000	12.50	12500.00	17%	2125.00
合　　计			2500		¥38500.00		¥6545.00
价税合计（大写）	⊗肆万伍仟零肆拾伍元整					（小写）	¥45045.00
销货单位	名　　称：北京市光明商场 纳税人识别号：010004353910331 地 址 、电 话：北京市中山路108号　010－88251319 开 户 行 账 号：工行北京市西单分理处01023404353910348				备注	北京市光明商场 010004353910331 发票专用章	

收款人：　　复核：　　开票人：　　销货单位（章）

第三联　记账联　销货方记账凭证

8）10 月 23 日，销售商品。其相关原始凭证如图 2.108、图 2.109、图 2.110 所示。

图 2.108

中国工商银行 进 账 单（收账通知）　　3

2012 年 10 月 23 日

出票人	全　称	北京星星百货市场	收款人	全　称	北京市光明商场
	账　号	103445113669		账　号	01023404353910348
	开户银行	中行江山办事处		汇入地点	工行北京市西单分理处

金额	人民币（大写）	伍万零陆佰陆拾壹元整	亿	千	百	十	万	千	百	十	元	角	分
						¥	5	0	6	6	1	0	0

票据种类	支票	票据张数	1	
票据号码	195			
复核　　记账				收款人开户银行签章

中国工商银行北京市西单分理处 2012.10.23 转 模拟 讫

此联是收款人开户银行交给收款人的收账通知

图 2.109

北京增值税专用发票

记 账 联

开票日期：2012 年 10 月 23 日

购货单位	名　　称：北京星星百货商场 纳税人识别号：11134558835478 地 址 、电 话：北京市江山路 123 号　010－64095487 开户行及账号：中行江山办事处 103445113669	密码区	（略）

货物或应税劳务名称	规格型号	单　位	数　量	单　价	金　额	税　率	税　额
11 号商品		台	80	200.00	16000.00	17%	2720.00
12 号商品		个	150	102.00	15300.00	17%	2601.00
13 号商品		个	100	120.00	12000.00	17%	2040.00
合　计					¥43300.00	17%	¥7361.00
价税合计（大写）	⊗伍万零陆佰陆拾壹元整				（小写）¥50661.00		

销货单位	名　　称：北京市光明商场 纳税人识别号：010004353910331 地 址 、电 话：北京市中山路 108 号　010－88251319 开 户 行 账 号：工行北京市西单分理处 01023404353910348	备注	北京市光明商场 010004353910331 发票专用章

收款人：　　　　复核：　　　　开票人：　　　　销货单位（章）

第二联　记账联　销货方记账凭证

图 2. 110

光明商场发货单

2012 年 10 月 23 日　　　　第 9012 号

购货单位：北京星星百货商场				发货部门：家电批发部				
商品编号	品名	规格	单位	数量	批发价/元	金额/元	零售价/元	金额/元
	11 号高品		台	80	200. 00	16000. 00		
	12 号高品		个	150	102. 00	15300. 00		
	13 号高品		个	100	120. 00	12000. 00		
合　计						43300. 00		
金额大写：肆万叁仟叁佰元整								

会计记账联

课后延伸

商业企业的会计核算与工业企业的会计核算有些区别，请想一想：存货售价的核算和进价的核算有什么不同？什么样的企业采用售价金额核算法？零售企业门市销售是主要的销售形式吗？

模块 3

投资核算实训

模块认知

对于创造价值而言，企业也可以将资本投向于企业外部，购买金融市场上的股票和债券等金融资产，或者以股权形式投资于其他企业，赚取间接报酬或控制被投资企业，以便从销售、供应、技术或管理上得到回报，这部分投资被称为金融性资产投资。会计核算的投资是指金融性资产投资，包括以下内容。

1. 企业为了近期内出售而持有的金融资产。

2. 企业从二级市场上购入的被指定为可供出售的非衍生金融资产。

3. 企业持有的、在活跃市上有公开报价的国债、企业债券、金融债券等，到期日固定、回收金额固定或可确定，且企业有明确意图和能力持有至到期的非衍生金融资产。

4. 企业持有的对其子公司、合营企业及联营企业的权益性投资，以及企业持有的对被投资单位不具有控制、共同控制或重大影响，并且在活跃市场中没有报价、公允价值不能可靠计量的权益性投资等长期股权投资。

“我是会计小工，负责企业投资业务的核算，企业的资金可用于对内部的生产经营投资，也可用于对外的金融性资产投资。投资可以给企业带来丰厚的利润，当然也存在一定的风险，还要看准投资机会。”

课前热身

1. 复习投资相关科目和核算方法；交易性金融资产的确认、初始计量、科目设置及核算；可供出售金融资产的确认、初始计量、科目设置及核算；持有至到期投资的确认、初始计量、科目设置及核算；长期股权投资的确认、初始计量、科目设置及成本法与权益法下的核算。

2. 在进行会计模拟实训之前，要为会计模拟实训做好必要的物资准备，包括手工操作实验所需要的记账凭证、科目汇总表、各种账页、会计报表、凭证封皮、账绳、胶水等可按所需数量事先印刷或购买。另外，还需准备一些装订机、铁夹子等。

实训要求

1. 准确使用会计科目、掌握会计核算方法。
2. 正确编制记账凭证，所附单据完整、美观。
3. 准备清晰、工整的登记账簿。

实训资料

实训 3.1　交易性金融资产核算演练

通益公司 2012 年发生如下有关投资的业务。

1）2012 年 3 月 10 日从证券交易所购入股票 50 万股准备短期持有，以原存入证券公司投资款支付。其相关原始凭证如图 3.1、图 3.2 所示。

图 3.1　　资金对账单［人民币］

打印日期：2012 年 3 月 10 日　制表单位：北方证券北京管理总部　资金账户：510002123　股东代码 007424
股东名称：北京通益有限责任公司　开始日期：20120310　结束日期：20120310　当前资金余额：377 650.00
可用余额：377 650.00　证券总市值：661 500 800　总资产：661 500 800

日　期	操　作	证券代码	证券名称	成交数量	成交均价	参考成本	当前股票市值	摘　要
20120310	证券买入	601398	工商银行	500 000	4.032	2 016 000	2 016 000	证券买入
合　计							2 016 000	

图 3.2　　成交过户交割单

3/10/2012　　买

股东编号：	A6899898	成交证券：	人民币储
电脑编号：	897969	成交数量：	500 000
公司代号：	290	成交价格：	4.00
申请编号：	777	成交金额：	2 000 000.00
申报时间：	10：28：22	标准佣金：	
成交时间：	10：45：15	过户费用：	6 000.00
上次余额：	0（股）	印花税：	10 000.00
本次成交：	500 000（股）	应付金额：	2 016 000.00
本次余额：	500 000（股）	最终余额：	377 650.00
附加费用：		实付金额：	2 016 000.00

客户联

经办单位：北方证券公司　　客户签章：北京通益有限责任公司

2）2012 年 4 月 26 日，中国工商银行股份有限公司宣告发放现金股利。其相关原始凭证如图 3.3 所示。

图3.3

2012年4月26日上市公司公告

工商银行股份有限公司2012年度股东大会决议及公告。

股票简称：工商银行　　股票代码：601398　　公告编号：2012-19

工商银行公布2011年年报：截至2011年末公司实现营业总收入4 752.14亿元；归属于上市公司股东的净利润2 082.65亿元,；基本每股收益0.6元。公司资产总额为15.47万亿元，负债总额为14.51万亿元，核心资本充足率为10.07%。每股净资产2.740元，加权平均净资产收益率（%）23.44。

董事会决议公告

中国工商银行股份有限公司于2012年3月29日召开三届十四次董事会，会议审议通过如下决议。

一、通过2011年年度股息分派预案：按2011年12月31日总股数4 256 688 800万股计算，每10股派人民币0.60元（含税）。

二、通过公司2011年年度报告及其摘要。

三、通过公司信息披露制度。

四、通过公司董、监事及高级管理人员所持有公司股份及其变动管理办法。

五、……

3）2012年5月16日收到工商银行股份有限公司派发现金股利。其相关原始凭证如图3.4、图3.5所示。

图3.4　　**资金对账单［人民币］**

打印日期：2012年5月16日　制表单位：北方证券北京管理总部　资金账户：510002123　股东代码007424
股东名称：北京通益有限责任公司　开始日期：20120516　结束日期：20120516　当前资金余额：5 830.00
可用余额：5 830.00　证券总市值：76 150 090　总资产：76 150 090

日　期	操　作	证券代码	证券名称	成交数量	成交均价	发生金额	当前股票市值	摘　要
20120516	股息入账	601398	工商银行	0	0	30 000		股息入账
合　计								

图3.5

中国工商银行股份有限公司2011年度派息公告

本公司及其董事会全体成员保证信息披露内容的真实、准确、完整；没有虚假记载、误导性陈述或重大遗漏。

中国工商银行股份有限公司2011年度利润分配方案已经2012年3月29日召开的公司2011年度股东大会审议通过，刊登于2012年4月26日《中国证券报》、《证券时报》、《上海证券报》及巨潮资讯网（http：//www.cninfo.com.cn），现将具体派息实施事宜公告如下。

一、派息方案

本次派息以公司现有的总股本1 256 688 800股为基数，向全体股东每10股派发现金红利0.60元（含税）。

二、股权登记日及除息日

1. 股权登记日：2012年5月13日
2. 除息日：2012年5月16日
3. 现金红利发放日：2012年5月16日

三、分派股利对象

……

4）2012年6月30日中国工商银行股份有限公司的市价为3.96元/股，其相关原始凭证如图3.6、图3.7所示。

图3.6　工商银行股份有限公司2012年6月30日市值计算表　金额单位：元

项　目	数量/只	单位市值	交易税费	市值总额	账面价值
普通股	500 000	3.96		1 980 000	2 000 000
合　计	500 000			1 980 000	2 000 000

图3.7　资金对账单［人民币］

打印日期：2012年6月30日　制表单位：北方证券北京管理总部　资金账户：510002123　股东代码007424
股东名称：北京通益有限责任公司　开始日期：20120630　结束日期：20120630　当前资金余额：88 650.00
可用余额：88 650.00　证券总市值：86 436 090　总资产：86 435 090

市　场	证券代码	证券名称	余额	可用数	交易冻结	今日买入	参考成本	市价	当前股票市值	摘要
上海A	601398	工商银行	500 000	500 000	0	0	2 016 000	3.96	1 980 000	
合　计										

5）2012年7月18日，通益公司将所持的中国工商银行股份有限公司的股票的一部分出售。其相关原始凭证如图3.8、图3.9所示。

图3.8　资金对账单［人民币］

打印日期：2012年7月18日　制表单位：北方证券北京管理总部　资金账户：510002123　股东代码007424
股东名称：北京通益有限责任公司　开始日期：20120718　结束日期：20120718　当前资金余额：65 930.00
可用余额：65 930.00　证券总市值：86 150 080　总资产：86 150 080

日　期	操　作	证券代码	证券名称	成交数量	成交均价	发生金额	当前股票市值	摘　要
20120718	证券买出	601398	工商银行	-100 000	3.95	395 000		证券买出
合　计								

图3.9　成交过户交割单

6/18/2012　卖

股东编号：	A6899898	成交证券：	人民币储
电脑编号：	234159	成交数量：	100 000
公司代号：	290	成交价格：	3.95
申请编号：	999	成交金额：	395 000.00
申报时间：	13：28：22	标准佣金：	
成交时间：	13：45：15	过户费用：	0.00
上次余额：	500 000（股）	印 花 税：	0.00
本次成交：	100 000（股）	应收金额：	395 000.00
本次余额：	400 000（股）	最终余额：	65 930.00
附加费用：		实收金额：	395 000.00

客户联

（印章：北京通益有限责任公司 财务专用章）

经办单位：北方证券公司　客户签章：北京通益有限责任公司

6）通益公司2012年6月20日以银行存款购入宏胜集团股票20 000股，准备短期持有。其相关原始凭证如图3.10、图3.11、图3.12所示。

图3.10　　北京通益有限责任公司有价证券收入单

发行单位：宏胜集团　　　　2012年06月20日

证券名称及性质	数　量	面　额		付出成本		已计利息或已宣股利
		单价	面额	单价	成本额	
普通股	20000	1	20000	6.50	130000	
人民币（大写）	壹拾叁万元整				¥130000	
备注：						

经办：张姗　　　　保管：李诗　　　　制单：王红

图3.11　　东方证券公司委托转让买方成交单　　№000132

2012年06月20日

委托购入方	北京通益有限责任公司					地　址		北京市王府井大街119号			
证券名称	宏胜集团股份					成交单价		6.50元			
票据总金额	千	百	十	万	千	百	十	元	角	分	人民币（大写）壹拾贰万元整
			1	2	0	0	0	0	0	0	
应收总金额			1	3	0	0	0	0	0	0	应收人民币（大写）壹拾叁万元整
应税总金额											应税人民币（大写）
成交金额											证券公司：东方证券公司　客户签章
已收保证金											
加：应收手续费				1	0	0	0	0	0	0	

记账：　　配券：　　复核：　　收款：张仪林　　制单：

（印章：北京通益有限责任公司 财务专用章）

图3.12

中国工商银行
转账支票存根
00002236

附加信息

签发日期：2012年06月20日

收款人：	东方证券公司
金　额：	¥130000.00
用　途：	购买股票

单位主管　　会计

7）2012年6月30宏胜集团的市价为6.80元/股。其相关原始凭证如图3.13所示。

图 3.13　　**宏胜集团 2012 年 6 月 30 日市值计算表**　　金额单位：元

项　目	数量/只	单位市值	交易税费	市值总额	账面价值
普通股	20 000	6.80		136 000	120 000
合　计	20 000			136 000	120 000

8）2012 年 7 月 19 出售股票取得价款。其相关原始凭证如图 3.14、图 3.15、图 3.16 所示。

图 3.14　　**中国工商银行 进 账 单**（回单）

2012 年 07 月 19 日　　№0123456

收款人	全　称	北京通益有限责任公司	账　号	123－5
	开户银行	工行北京市朝阳分理处	款项来源	出售股票
人民币（大写）	壹拾叁万捌仟元整		百 十 万 千 百 十 元 角 分	¥ 1 3 8 0 0 0 0 0
票据种类	支票		出纳收款：王永 出纳复核：张仁 （银行盖章）	中国工商银行北京市朝阳分理处 2012.07.19 转讫
票据张数	1			
付款人	账　号	321－5		
	户　名	东方证券公司		
单位主管　会计　复核　记账				2012 年 07 月 19 日

图 3.15　　**有 价 证 券 交 易 凭 证**

客户：北京通益有限责任公司　　2012 年 07 月 19 日　　发行单位：宏胜集团

证券名称	数量	面额		结算金额		手续费	结算合计
		单位面额	合计	单价	金额		
普通股	20000	1	20000	6.95	139000	1000	138000
人民币（大写）	壹拾叁万捌仟元整			¥138000.00			
备注：							

盖章：东方证券公司（财务专用章）　　复核：王芳　　经办：李平

图 3.16　　**北京通益有限责任公司有价证券付出单**

发行单位：宏胜集团　　2012 年 07 月 19 日

证券名称及性质	数　量	面　额		付出成本		已计利息或已宣股利
		单价	面额	单价	成本额	
短期普通股	20000	1	20000	6.50	130000	
人民币（大写）	壹拾叁万元整			¥130000.00		
备注：						

（北京通益有限责任公司 财务专用章）

经办：张姗　　保管：李诗　　制单：王红

9）通益公司 2012 年 3 月 25 日购入环球公司股票 20 万股，支付价款总额为 179 万元，其中包括支付的证券交易印花税和手续费0.5万元，3月19日宣告派发的2011年度现金股利4万元。其相关原始凭证如图3.17、图3.18、图3.19所示。

图3.17　北京通益有限责任公司有价证券收入单

发行单位：环球公司　　2012年03月25日

证券名称及性质	数　量	面　额		付出成本		已计利息或已宣股利
		单价	面额	单价	成本额	
普通股	200000	1	200000	8.95	1790000	40000
合　计						
人民币（大写）	壹佰柒拾玖万元整		¥1790000			
备注：						

经办：张姗　　保管：李诗　　制单：王红

图3.18

中国工商银行
转账支票存根
000005234

附加信息

签发日期：2012年03月25日

收款人：	民族证券公司
金　额：	¥1700000.00
用　途：	购买股票

单位主管　　会计

图3.19　有价证券交易凭证

客户：北京通益有限责任公司　　2012年03月25日　　发行单位：环球公司

证券名称	数量	面额		结算金额		手续费	结算合计
		单位面额	合计	单价	金额		
普通股	200000	1	200000	8.925	1785000	5000	1790000
人民币（大写）	壹佰柒拾玖万元整			¥1790000.00			
备注：不打算长期持有							

（印章：民族证券公司 财务专用章）

盖章：民族证券公司　　复核：张丽华　　经办：李晓

10）4月10日收到现金股利。其相关原始凭证如图3.20、图3.21所示。

图 3.20

资金对账单［人民币］

打印日期：2012 年 04 月 10 日　制表单位：北方证券北京管理总部　资金账户：510002123　股东代码 007424
股东名称：北京通益有限责任公司　开始日期：20120410　结束日期 20120410　当前资金余额：23 650.00
可用余额：23 650.00　证券总市值：89 476 909　总资产：89 476 909

日　期	操　作	证券代码	证券名称	成交数量	成交均价	发生金额	当前股票市值	摘　要
20120410	股息入账	600350	环球公司	0	0	40 000		股息入账
合　计								

图 3.21

环球股份有限公司 2011 年年度派息公告

本公司及其董事会全体成员保证信息披露内容的真实、准确、完整；没有虚假记载、误导性陈述或重大遗漏。

环球股份有限公司 2011 年度利润分配方案已经 2012 年 3 月 19 日召开的公司 2011 年度股东大会审议通过，刊登于 2012 年 3 月 19 日《中国证券报》、《证券时报》、《上海证券报》及巨潮资讯网（http：//www. cninfo. com. cn），现将具体派息实施事宜公告如下。

一、派息方案

本次派息以公司现有的总股本 4567883200 股为基数，向全体股东每 10 股派发现金红利 2 元（含税）。

二、股权登记日及除息日

1. 股权登记日：2012 年 4 月 6 日
2. 除息日：2012 年 4 月 10 日
3. 现金红利发放日：2012 年 4 月 10 日

三、分派股利对象

……

北京通益有限责任公司　财务专用章

11）2012 年 9 月 20 日以银行存款购入交银成长基金。其相关原始凭证如图 3.22、图 3.23、图 3.24 所示。

图 3.22

证券清算交割单［基金申购］

2012 年 09 月 20 日

网点号：010658826	流水号：000369
证券卡号：10000480050	
投资人名称：北京通益有限责任公司	
委托日期：2012 年 09 月 20 日	成交时间：10：23：51
成交价格：2.4500	证券代码：519 692
证券名称：交银成长	成交数量：120 640
成交金额：295 568	清算金额：－300 000
手续费：4 432	印花税：0
过户费：0	附加费：0
其他费用：0	利　息：0
确认编号：2500956874	
交割柜员号：0002	交割网点号：010658826

图3.23

中国建设银行
证券买入委托单

☑基金　□债券　□账户金　　2012年09月20日

客户填写					
客户名称	北京通益有限责任公司		证券卡号	1663399010000580000	
被授权人姓名	张某		市场代码	002	
证券代码	04128		证券名称	交银成长	
基金　□认购　☑申购		债券		账户金	
金额（元）		价格（元/百元）		价格（元/克）	
份额（分基金单位）		数量（百元）		数量（克）	
		□实时交易　□买入获得挂单			
银行打印					
交易名称：基金申购委托 委托日期：2012年09月20日 市场代码：002 证券名称：交银成长 申购金额：300000.00			流水号：00369 证券卡号：10000480050 证券代码：519692 银行预留印鉴（机构）		

复核　　经办　　客户签字

图3.24

中国工商银行
转账支票存根
000021220

附加信息

签发日期：2012年09月20日

收款人：	中国建设银行
金　额：	¥300000.00
用　途：	购买基金

单位主管　　会计

企业法人入市流程

课后延伸

假设您有一笔钱想投资债券、股票这类证券进行增值，但自己又一无精力二无专业知识，三呢钱也不算多，就想到与其他 10 个人合伙出资，雇一个投资高手，操作大家合出的资产进行投资增值。但这里面，如果十多个投资人都与投资高手随时交涉，那事还不乱套，于是就推举其中一个最懂行的牵头办这事。定期从大伙合出的资产中按一定比例提成给他，由他代为付给高手劳务费报酬。当然，他自己牵头出力张罗大大小小的事，包括挨家跑腿、有关风险的事向高手随时提醒着点、定期向大伙公布投资盈亏情况等，不可白忙，提成中的钱也有他的劳务费。上面这些事就叫合伙投资。将这种合伙投资的模式放大 100 倍、1 000 倍，就是基金。企业进行基金投资与进行短期股票投资的核算方法是一样的。

实训 3.2　可供出售金融资产、持有至到期金融资产核算演练

1）通益公司于2012 年1 月1 日以10 210 元购入华龙公司发行的面值总额为10 000 元的公司债券，确认为可供出售金融资产。其相关原始凭证如图 3.25、图 3.26、图 3.27 所示。

图3.25

中国工商银行
转账支票存根
00006344

附加信息

签发日期：2012年01月01日

收款人：	民族证券公司
金　额：	¥10210.00
用　途：	购买债券

单位主管　　　　会计

图3.26　　有价证券交易凭证

客户：北京通益有限责任公司　　2012年01月01日　　发行单位：华龙公司　单位：元

证券名称	数量	面额		结算金额		手续费	结算合计
		单位面额	合计	单价	金额		
3年期债券	10	1000	10000	1010	10100	110	10210
年利率	6%						
人民币（大写）	壹万零贰佰壹拾元整　　¥10210.00						
备注：2012年12月31日支付利息							

（印章：民族证券公司 财务专用章）

盖章：民族证券公司　　复核：张丽华　　经办：李晚（备注：确认为可供出售金融资产。）

图3.27　　北京通益有限责任公司有价证券收入单

发行单位：华龙公司　　2012年01月01日　　单位：万元

证券名称及性质	数　量	面　额		付出成本			年利率	已计利息或已宣股利
		单价	面额	单价	手续费	成本		
3年期债券	10	1000	10000	1010	110	10210	6%	
人民币（大写）壹万零贰佰壹拾元整　　¥10210.00								
备注：实际利率为5.515%								

经办：张姗　　保管：李诗　　制单：王红

小知识

债券（Bond）是政府、金融机构、工商企业等机构直接向社会借债筹措资金时，向投资者发行，并且承诺按一定利率支付利息并按约定条件偿还本金的债权债务凭证。

2）2012 年年末该债券公允价值为 10 000 万元。其相关原始凭证如图 3.28、图 3.29 所示。

图 3.28　　**债券利息计算表**

发行单位：万能公司　　发行期：3 年　　2012 年 12 月 31 日

计算收入期	面值/元	利率/（%）	月数	利息额/元
购进（2012 年 01 月 01 日）	10000	6	12	600
合　计				600

图 3.29　　**万能公司 2012 年 12 月 31 日市值计算表**

发行单位：万能公司（发行期 3 年）　　2012 年 12 月 31 日　　单位：元

项　目	数量/只	单位市值	公允价值	账面价值
3 年期债券	10	1 000	10 000	10 173.08
合　计				

3）通益公司 2012 年 4 月 8 日在证券市场购入益佳股份有限公司的股票 200 万股作为可供出售金融资产。其相关原始凭证如图 3.30、图 3.31、图 3.32 所示。

图 3.30　　**成交过户交割单**

04/08/2012　　买

股东编号：	A6899898	成交证券：	人民币储
电脑编号：	9876543	成交数量：	2 000 000
公司代号：	777	成交价格：	10.00
申请编号：	123	成交金额：	20 000 000.00
申报时间：	9：58：20	标准佣金：	
成交时间：	10：18：15	过户费用：	30 000.00
上次余额：	0（股）	印花税：	70 000.00
本次成交：	2 000 000（股）	应付金额：	20 100 000.00
本次余额：	2 000 000（股）	最终余额：	500 000.00
附加费用：		实付金额：	20 100 000.00

客户联

北京通益有限责任公司 财务专用章

经办单位：民族证券公司　　客户签章：北京通益有限责任公司

图 3. 31　　　　　　　　　　　　**有价证券交易凭证**

客户：北京通益有限责任公司　　　　2012 年 04 月 08 日　　　　发行单位：益佳股份有限公司

证券名称	数量	面额		结算金额		手续费	结算合计
		单位面额	合计	单价	金额		
股票	2000000	1	2000000	10	20000000	100000	20100000
人民币（大写）	贰仟零壹拾万元整		¥20100000. 00				
备注：每股含已宣告但尚未发入的现金股利 1 元							

盖章：民族证券公司　　　　复核：张丽华　　　　经办：李晓（备注：确认为可供出售金融资产。）

图 3. 32　　　　　　**北京通益有限责任公司有价证券收入单**

发行单位：益佳股份有限公司　　　　2012 年 04 月 08 日

证券名称及性质	数　量	面　额		付出成本		已计利息或已宣股利
		单价	面额	单价	成本	
普通股	2000000	1	2000000	10	20100000	2000000
人民币（大写）	贰仟零壹拾万元整			¥20100000. 00		
备注：						

经办：张姗　　　　保管：李诗　　　　制单：王红

4）通益公司 2012 年 5 月 15 日收到益佳股份有限公司的现金股利 2 000 000 元。其相关原始凭证如图 3. 33、图 3. 34 所示。

图 3. 33

益佳股份有限公司 2011 年年度派息公告

本公司及其董事会全体成员保证信息披露内容的真实、准确、完整；没有虚假记载、误导性陈述或重大遗漏。

益佳股份有限公司 2011 年度利润分配方案已经 2012 年 4 月 6 日召开的公司 2011 年度股东大会审议通过，刊登于 2012 年 4 月 7 日《中国证券报》、《证券时报》、《上海证券报》》及巨潮资讯网（http：//www. cninfo. com. cn），现将具体派息实施事宜公告如下。

一、派息方案

本次派息以公司现有的总股本 5 564 321 700 股为基数，向全体股东每股派发现金红利 1 元（含税）。

二、股权登记日及除息日

1. 股权登记日：2012 年 5 月 6 日
2. 除息日：2012 年 5 月 10 日
3. 现金红利发放日：2012 年 5 月 10 日

三、分派股利对象

……

图3.34　　资金对账单［人民币］

打印日期：2012年05月15日　制表单位：北方证券北京管理总部　资金账户：510002123　股东代码007424
股东名称：北京通益有限责任公司　开始日期：20120515　结束日期：20120515　当前资金余额：43 650.00
可用余额：43 650.00　证券总市值：98 126 090　总资产：98 126 090

日　期	操　作	证券代码	证券名称	成交数量	成交均价	发生金额	当前股票市值	摘　要
20120515	股息入账	601234	益佳公司	0	0	2 000 000		股息入账
合　计								

5）6月30日益佳股份有限公司股票每股公允价值9.2元。其相关原始凭证如图3.35、图3.36所示。

图3.35　　益佳股份有限公司2012年6月30日市值计算表

发行单位：益佳股份有限公司　　2012年06月30日　　单位：元

项　目	数量/只	单位市值	公允价值	账面价值
股票	2 000 000	9.20	18 400 000	18 100 000
合　计				

图3.36　　资金对账单［人民币］

打印日期：2012年06月30日　制表单位：北方证券北京管理总部　资金账户：510002123　股东代码007424
股东名称：北京通益有限责任公司　开始日期：20120630　结束日期：20120630　当前资金余额：88 650.00
可用余额：88 650.00　证券总市值：86 436 090　总资产：86 436 090

市　场	证券代码	证券名称	余额	可用数	交易冻结	今日买入	参考成本	市价	当前股票市值	摘　要
上海A	601234	益佳股份	2 000 000	2 000 000	0	0	18 100 000	9.2	18 400 000	
合　计										

6）9月30日益佳股份有限公司股票每股公允价值9.4元。其相关原始凭证如图3.37、图3.38所示。

图3.37　　资金对账单［人民币］

打印日期：2012年09月30日　制表单位：北方证券北京管理总部　资金账户：510002123　股东代码007424
股东名称：北京通益有限责任公司　开始日期：20120930　结束日期：20120930　当前资金余额：118 650.00
可用余额：118 650.00　证券总市值：99 436 090　总资产：99 436 090

市　场	证券代码	证券名称	余额	可用数	交易冻结	今日买入	参考成本	市价	当前股票市值	摘　要
上海A	601234	益佳股份	2 000 000	2 000 000	0	0	18 100 000	9.4	18 800 000	
合　计										

图3.38　　益佳股份有限公司2012年9月30日市值计算表

发行单位：益佳股份有限公司　　2012年09月30日　　单位：元

项　目	数量/只	单位市值	公允价值	账面价值
股票	2000000	9.40	18800000	18400000
合　计				

7）12月31日益佳股份有限公司股票每股公允价值9.3元。其相关原始凭证如图3.39、图3.40所示。

图3.39 **益佳股份有限公司2012年12月31日市值计算表**

发行单位：益佳股份有限公司　　2012年09月30日　　单位：元

项　目	数量/只	单位市值	公允价值	账面价值
股票	2 000 000	9.30	18 600 000	18 800 000
合　计				

图3.40 **资金对账单［人民币］**

打印日期：2012年12月31日　制表单位：北方证券北京管理总部　资金账户：510002123　股东代码007424
股东名称：北京通益有限责任公司　开始日期：20121231　结束日期：20121231　当前资金余额：55 650.00
可用余额：55 650.00　证券总市值：12 436 090　总资产：12 436 090

市　场	证券代码	证券名称	余额	可用数	交易冻结	今日买入	参考成本	市价	当前股票市值	摘要
上海A	601234	益佳股份	2 000 000	2 000 000	0	0	18 100 000	9.3	18 600 000	
合　计										

8）2012年1月8日出售益佳股份有限公司股票。其相关原始凭证如图3.41、图3.42、图3.43、图3.44所示。

图3.41 **成交过户交割单**

01/08/2012　　卖

股东编号：	A6899898	成交证券：	人民币储
电脑编号：	3455436	成交数量：	2 000 000
公司代号：	777	成交价格：	9.40
申请编号：	675	成交金额：	18 800 000.00
申报时间：	13：58：20	标准佣金：	
成交时间：	14：18：15	过户费用：	00.00
上次余额：	2 000 000（股）	印花税：	00.00
本次成交：	2 000 000（股）	应付金额：	18 800 000.00
本次余额：	0（股）	最终余额：	00.00
附加费用：		实付金额：	18 800 000.00

客户联

经办单位：民族证券公司　　客户签章：北京通益有限责任公司

（印章：民族证券公司 财务专用章；北京通益有限责任公司 财务专用章）

图3.42 **有价证券交易凭证**

客户：北京通益有限责任公司　　2012年01月08日　　发行单位：益佳股份有限公司

证券名称	数量	面额		结算金额		手续费	结算合计
		单位面额	合计	单价	金额		
股票	2000000	1	2000000	9.40	18800000		18800000
人民币（大写）	壹仟捌佰捌拾万元整			￥18800000.00			
备注：忽略手续费							

盖章：民族证券公司　　复核：张丽华　　经办：李晓

（印章：民族证券公司 财务专用章）

图3.43 **北京通益有限责任公司有价证券付出单**

发行单位：益佳股份有限公司　　　　2012年01月08日

证券名称及性质	数量	面额		付出成本		已计利息或已宣股利
		单价	面额	单价	成本额	
普通股	2000000	1	2000000	9.40	18800000	
人民币（大写）	壹仟捌佰捌拾万元整　　¥18800000.00					
备注：						

经办：张姗　　　　保管：李诗　　　　制单：王红

图3.44 **资金对账单［人民币］**

打印日期：2012年01月08日　制表单位：北方证券北京管理总部　资金账户：510002123　股东代码：007424
股东名称：北京通益有限责任公司　开始日期：20120108　结束日期：20120108　当前资金余额：76 540.00
可用余额：76 540.00　证券总市值：230 436 099　总资产：230 436 099

市场	证券代码	证券名称	余额	可用数	交易冻结	今日买入	参考成本	市价	当前股票市值	摘要
上海A	601234	益佳股份	2 000 000	2 000 000	2 000 000	0	18 100 000	9.40	18 800 000	证券卖出
合计										

小知识

债券的本质是债的证明书，具有法律效力。债券购买者与发行者之间是一种债券债务关系，债券发行人即债务人，投资者（或债券持有人）即债权人。债券是一种有价证券，是社会各类经济主体为筹措资金而向债券投资者出具的，并且承诺按一定利率定期支付利息和到期偿还本金的债券债务凭证。由于债券的利息通常是事先确定的，所以，债券又被称为固定利息证券。

9）通益公司2012年6月15日购入记账式国债，准备持有至到期。其相关原始凭证如图3.45、图3.46所示。

图3.45 **中华人民共和国凭证式国债收款凭证**

中国工商银行　　　　2012年06月15日　　　　№1357928

债券名称	发行日期	期限	面值	币种	利率（%）	到期本息
12国债06	2012-06-12	3年	100000	人民币	5	115762.50

账号：010123450000056888　　户名：北京通益有限责任公司
金额（人民币大写）壹拾万元整

中国工商银行北京市朝阳分理处 2012.06.15 转讫　　银行盖章

	债券名称	债券面值	偿还期限	年利率	期限	利息
	12国债06	100000	2015-06-12	5%	3年	15762.50

复核　　　　收款　　　　记账　　　　制单　　　　经手人

图 3.46

中国工商银行
转账支票存根
000007524

附加信息

签发日期：2012 年 06 月 15 日

收款人：	工行北京市朝阳分理处
金　额：	¥100000.00
用　途：	购买债券

单位主管　　　　会计

实训 3.3　长期股权投资核算演练

1）通益公司 2012 年 1 月 6 日以一幢厂房对科威五金厂进行投资。其相关原始凭证如图 3.47、图 3.48 所示。

图 3.47　　**固定资产投资移交使用单**

投入单位：科威五金厂　　　　转入时间：2012.01.06
投出单位：北京通益有限责任公司　　2012 年 01 月 06 日　　转出时间：2012.01.06

名　称	规格型号	单位	数量	账面原值	评估价值	估计使用年限	已提折旧
房屋		幢	1	25000000	30000000	25 年	5000000
合　计			1	25000000	30000000		5000000
附属设备							

投入单位主管：　　　　投出单位主管：　　　　制单：

图 3.48

投资合同书（简）

接受投资单位：科威五金厂（甲方）
投资单位：北京通益有限责任公司（乙方）
甲方为筹建新厂所需资金，经与乙方协议并遵守投资规定如下。
1. 乙方对甲以生产用房屋一幢作为投资。评估净值为 30 000 000 元，签订合同之日交付使用。
2. 投资期限为 20 年，投资期内不得随意抽回投资额。
3. 甲方 2012 年 1 月 1 日可辨认净资产价值为 150 000 000 元。投资额占甲方全部资金的 20%，并按此比例享受年净利润的分配。
4. 乙方可参与甲方生产经营的监督和管理。
……

甲方签章：合同专用章　　　　乙方签章：北京通益有限责任公司 合同专用章
合同签订时间：2012 年 01 月 06 日　　　　2012 年 01 月 06 日

2）2012年被投资单位科威五金厂资本公积增加120万元，实现净利润10 000 000元。其相关原始凭证如图3.49所示。

图3.49 **通益公司投资情况变动表**

2012年12月31日

长期股权投资——科威五金厂股权	
2012年1月6日余额30 000 000元 2012年12月31日科威五金厂资本公积增加1 200 000元 2012年12月31日科威五金厂实现净利润10 000 000元	2012年12月31日32 240 000元

3）通益公司2012年1月20日购入鑫鑫公司500万股，占鑫鑫公司35%的股份。每股购入价6元，发生税费50万元，款项银行支付。2012年1月1日鑫鑫公司可辩认净资产账面价值（与其公允价值不存在差异）8 800万元。其相关原始凭证如图3.50、图3.51所示。

图3.50 **东方证券公司委托转让买方成交单** №000123

2012年01月20日

委托购入方	北京通益有限责任公司						地址				北京市王府井大街119号	
证券名称	鑫鑫公司股份										成交单价	6.00元
股份总金额	亿	千	百	十	万	千	百	十	元	角	分	人民币（大写）叁仟万元整
	¥	3	0	0	0	0	0	0	0	0	0	
应收总金额	¥	3	0	5	0	0	0	0	0	0	0	应收人民币（大写）叁仟零伍拾万元整
应税总金额												应税人民币（大写）
成交金额												证券公司： 客户签章
已收保证金												
加：应收手续费			¥	5	0	0	0	0	0	0	0	

记账： 配券： 复核： 收款：张仪林 制单：

（印章：北京通益有限责任公司 财务专用章）

图3.51

中国工商银行 转账支票存根 000007978
附加信息
签发日期：2012年01月20日
收款人：工行北京市朝阳分理处
金 额：¥30500000.00
用 途：购买鑫鑫公司股份
单位主管 会计

4）2012年3月26日鑫鑫公司宣告发放上年度现金股利1 000 000元。其相关原始凭证如图3.52所示。

图3.52

2012年3月26日鑫鑫公司股东大会决议通知（简）

北京市鑫鑫股份有限公司2011年度股东大会决议。

北京市鑫鑫公司2011年年报：基本每股收益3.5元，稀释每股收益3.403元，每股收益（扣除）3.40元，每股净资产5.269元，调整后每股净资产5.21元，净资产收益率70.35%。

董事会决议公告

北京市鑫鑫股份有限公司于2012年3月24日召开三届十四次董事会，会议审议通过如下决议。

一、通过2011年年度股息分派预案：按2011年12月31日总股数14 285 714万股计算，每10股派人民币0.7元（含税）。

二、通过公司2011年年度报告及其摘要。

三、通过公司董、监事及高级管理人员所持有公司股份及其变动管理办法。

四、……

5）2012年4月10日收到鑫鑫公司现金股利。其相关原始原始凭证如图3.53、图3.54所示。

图3.53

中国工商银行 进 账 单（回单）

2012年04月10日　　　　№00598760

收款人	全　称	北京通益有限责任公司	账　号	123-5							
	开户银行	工行北京市朝阳分理处	款项来源	现金股利							
人民币（大写）	叁拾伍万元整		百	十	万	千	百	十	元	角	分
			¥	3	5	0	0	0	0	0	0
票据种类	支票		出纳收款：王永 出纳复核：张仁 （银行盖章） 中国工商银行北京市朝阳分理处 2013.07.21 转 模拟 讫 2012年04月10日								
票据张数	1										
付款人	账　号	456-8									
	户　名	北京市鑫鑫股份有限公司									
单位主管　会计　复核　记账											

图3.54

北京通益有限责任公司收款凭单

2012年04月10日　　　　编号：12345

交款人	鑫鑫公司	收款方式	支票
交款事由	长期股权投资现金股利		
金　额	人民币（大写）叁拾伍万元整　　¥350000.00		

北京通益有限责任公司 财务专用章

6）2012年鑫鑫公司发生净亏损100万，通益公司投资占35%。其相关原始凭证如图3.55所示。

图 3.55　　北京通益有限责任公司投资情况变动表

2012 年 12 月 31 日

长期股权投资——鑫鑫公司股权	
2012 年 1 月 20 日余额 30 800 000 元 2012 年 3 月 26 日余额 30 450 000 元 2012 年 12 月 31 日鑫鑫公司发生净亏损 1 000 000 元	2012 年 12 月 31 日 30 100 000 元

7）2013 年 7 月 21 日通益公司处置持有的鑫鑫公司的长期股权投资。其相关原始凭证如图 3.56、图 3.57、图 3.58 所示。

图 3.56　　中国工商银行 **进 账 单**（回单）

2013 年 07 月 21 日　　№00697541

收款人	全　称	北京通益有限责任公司	账　号	123－5
	开户银行	工行北京市朝阳分理处	款项来源	现金股利
人民币（大写）	叁仟壹佰万元整		亿 千 百 十 万 千 百 十 元 角 分	¥ 3 1 0 0 0 0 0 0 0 0
票据种类	支票		出纳收款：×××	
票据张数	1		出纳复核：×××	
付款人	账　号	433－1	（银行盖章）	
	户　名	北京市财富公司		2013 年 07 月 21 日
单位主管　会计　复核　记账				

（银行盖章：中国工商银行北京市朝阳分理处 2013.07.21 转讫）

图 3.57　　有价证券交易凭证

客户：北京通益有限责任公司　　2013 年 07 月 21 日　　发行单位：鑫鑫公司

证券名称	数量	面额		结算金额		手续费	结算合计
		单位面额	合计	单价	金额		
股票	5000000	元	5000000	6.20	31000000		31000000
人民币（大写）	叁仟壹佰万元整		¥31000000.00				
备注：忽略手续费							

盖章：东方证券公司　　复核：张丽华　　经办：李晓

图 3.58　　北京通益有限责任公司有价证券付出单

发行单位：鑫鑫公司　　2013 年 07 月 21 日

证券名称及性质	数　量	面　额		付出成本		已计利息或已宣股利
		单价	面额	单价	成本额	
普通股	5000000	1	5000000	6.02	30100000	
人民币（大写）	叁仟零壹拾万元整			¥30100000.00		
备注：						

经办：张姗　　保管：李诗　　制单：王红

8）2012年12月20日通益公司以土地使用权和20吨钢材向北京北海公司投资，享有北海公司15%的净利润分配权，对北海公司构成重大影响。投资时北海公司可辩认净资产账面价值700万元（与公允价值无差异）。其相关原始凭证如图3.59、图3.60、图3.61、图3.62所示。

图3.59

投资合同书（简）

接受投资单位：北京北海公司（甲方）

投资单位：北京通益有限责任公司（乙方）

甲方在北京市内创办北海公司，乙方协商同意以土地使用权投资，双方应遵守如下规定。

1. 乙方向甲方以土地使用权，评估价值500 000元，营业税率5%；钢材20吨，单位成本20 000元，共计400 000元，单位计税价格25 000元，共计500 000元，增值85 000元；投资额985 000元。

2. 乙方在甲方按投资额的15%享受净利润分配，参与乙方的经营决策。

3. ……

接受投资单位（甲方）签章： 投资单位（乙方）签章：

签订合同时间：2012年12月20日 2012年12月20日

图3.60

无形资产调拨单

投入单位：北京北海公司 转入时间：2012. 12. 20

投出单位：北京通益有限责任公司 2012年12月20日 转出时间：2012. 12. 20

名 称	单位	数量	单价	已摊销额	账面净值	评估确认值
土地使用权			600000	150000	450000	500000
合 计			600000	150000	450000	500000

投入单位主管： 投出单位主管： 制单：

图3.61

北京增值税专用发票

发票联

开票日期：2012年12月20日

购货单位	名称：北京北海有限责任公司 纳税人识别号：0109876543321 地址、电话：北京市海淀大街102号 010－26123456 开户行及账号：工行0101516171895754				密码区	（略）	
货物或应税劳务名称	规格型号	单位	数量	单价	金额	税率	税额
钢材		吨	20	25000.00	500000.00	17%	85000.00
合计					¥500000.00		¥85000.00
价税合计（大写）	⊗伍拾捌万伍仟元整				（小写）¥585000.00		
销货单位	名称：北京通益有限责任公司 纳税人识别号：010543213337789 地址、电话：北京市王府井大街119号 010－12345678 开户行及账号：工行北京市朝阳分理处010123450000056888				备注	北京通益有限责任公司 010543213337789 发票专用章	

第二联 发票联 购货方记账凭证

收款人： 复核： 开票人： 销货单位（章）

图3.62

税务机关（地税）代开统一发票

发票联

2012年12月20日

发票代码 1010250800025
发票号码 000553621

付款方名称	北京北海公司	代开普通发票申请表号码	
收款方名称及地址、电话	北京通益有限责任公司 北京市王府井大街119号 010-12345678	收款方识别号或证件号码	101023523015823
品目及金额		备注	
转让专利权　500000.00		税种：营业税　税率：5%　金额：25000.00 代开单位盖章	
合计人民币（大写）	伍拾万元整	¥500000.00	
税额（大写）	贰万伍仟元整	完税凭证号码	
机打发票手填无效	无税务机关盖章无效		

税控码：　　　　　　　　　　　　开票人：

相关链接

世界上最早的股份有限公司制度诞生于1602年在荷兰成立的东印度公司。

股票是股份有限公司在筹集资本时向出资人发行的股份凭证，代表着其持有者（即股东）对股份公司的所有权。股票也是对公司收益和资产的索取权。这种所有权是一种综合权利，如普通股股东可以参加股东大会、投票表决、参与公司的重大决策、收取股息或分享红利等。同一类别的每一份股票所代表的公司所有权是相等的。每个股东所拥有的公司所有权份额的大小取决于其持有的股票数量占公司总股本的比重。股票一般可以通过买卖方式有偿转让，股东能通过股票转让收回其投资，但不能要求公司返还其出资。但是，公司可以通过股票市场回购自己发行的股票，提高股票价格来保护股东的权利、集中每股权益。这种做法的目的在于保护中小流通股股东的权利。股东与公司之间的关系是所有与被所有的关系，不同于债权—债务关系，所以股东对公司的求偿权是剩余求偿权，只能在债权人全部收回自己的债权时才能对剩下的资产求偿。股东是公司的所有者，以其出资额为限对公司负有限责任，承担风险，分享收益（当然一些高线技术企业的股东可能是以他的技术作为出自来获得股东身份的）。企业可以通过向社会公开发行股票筹集资金，也可以私募资金充实自己的资产。目前在上海证券交易所、深圳证券交易所上市的公司，绝大部分是国家控股公司，但也有相当一部分是民营的股份有限公司。

课后延伸

长期股权投资因享有被投资单位所有者权益份额的不同，所采用的处理方面也不同，当投资企业能够对被投资单位实施控制时（即持股比例超过50%），或者对被投资单位不具有共同控制或重大影响，并且在活跃市场中没有报价、公允价值不能可靠计量的（通常持股比例不足10%），采用成本法进行核算。成本法下，长期股权投资时应当按照初始投资成本计量；追加或收回投资时应当调整长期股权投资的成本。

模块 4
固定资产核算实训

模块认知

固定资产是指同时具有以下特征的有形资产。

1. 为生产商品、提供劳务、出租或经营管理而持有的。

2. 使用寿命超过一个会计年度。

固定资产同时满足下列条件才能予以确认：与该固定资产有关的经济利益很可能流入企业；该固定资产的成本能够可靠计量。

本模块主要演练固定资产增加、减少的核算流程，同时通过不同折旧方法的训练掌握固定资产折旧的计提处理，并对不同折旧方法加以区分。通过本模块实际的演练操作，主要掌握如下核算内容。

1. 从不同渠道取得固定资产的核算。

2. 固定资产减少的核算。

3. 不同方法下固定资产折旧的计算。

“我是固定资产会计，负责固定资产增加、减少及计提固定资产折旧的核算。固定资产是为企业生产经营服务的，管理好固定资产非常重要噢！”

课前热身

1. 在多媒体实验室，需要计算机、投影仪、实物展台、会计凭证及相关账簿等。

2. 复习：固定资产增加、减少的途径有哪些？固定资产折旧的方法有哪些？如何进行会计处理？

实训要求

1. 根据当期发生的每笔经济业务准确填制记账凭证。严格审核记账凭证，再分别按固定资产的类别、规格登记固定资产卡片。

2. 准确进行固定资产折旧的处理。

实训4.1 固定资产增加、减少、盘存核算演练

1）2012年12月5日，从本市大明设备厂购入生产用的设备，货款已付。其相关原始凭证如图4.1、图4.2、图4.3、图4.4所示。

图4.1

固定资产入账单

2012年12月05日

名称及规格	数量	单位	买 价	运 费	金 额	备 注
设备	3	台	300000.00	1500.00	301500.00	交付使用
验收部门：生产部门						

会计： 制单：

图4.2

北京增值税专用发票

发票联

开票日期：2012年12月05日

购货单位	名称：北京通益有限责任公司 纳税人识别号：010543213337789 地址、电话：北京市王府井大街119号 010－12345678 开户行及账号：工行北京市朝阳分理处010123450000056888				密码区	（略）	
货物或应税劳务名称	规格型号	单位	数量	单价	金额	税率	税额
设备		台	3	100000.00	300000.00	17%	51000.00
合 计					¥300000.00		¥51000.00
价税合计（大写）	⊗叁拾伍万壹仟元整					（小写）	¥351000.00
销货单位	名称：北京市大明设备厂 纳税人识别号：010445550021988 地址、电话：北京市中关村 010－24135487 开户行及账号：农行010369877555554660				备注	北京市大明设备厂 010445550021988 发票专用章	

第二联 发票联 购货方记账凭证

收款人： 复核： 开票人： 销货单位（章）

图4.3

中国工商银行 转账支票存根 00000015
附加信息
出票日期：2012年12月05日
收款人：北京市大明设备厂
金　额：¥352500.00
用　途：购买设备
单位主管　　　　会计

图4.4

运费统一结算发票

单位：北京通益有限责任公司　　　　运字:004

货物名称	单位	数量	千米	吨公里	运率	金额
设备	台	3			500.00	1500.00
合计（大写）	壹仟伍佰元整					¥1500.00

（印章：北京新达运输公司 987654321012345678 发票专用章）

会计：　　出纳：　　制单：　　开票单位：北京新达运输公司

2）2012年12月6日，从本市大明设备厂购入非生产用的设备，货款已付。其相关原始凭证如图4.5、图4.6、图4.7、图4.8所示。

图4.5

中国工商银行 转账支票存根 000000016
附加信息
出票日期：2012年12月06日
收款人：北京市大明设备厂
金　额：¥352500.00
用　途：购买设备
单位主管　　　　会计

图 4.6

固定资产入账单

2012 年 12 月 06 日　　　　金额单位：元

名称及规格	数量	单位	买　价	运　费	金　额	备　注
设备	3	台	300000.00	1500.00	301500.00	交付使用
验收部门：生产部门						

会计：　　　　制单：

图 4.7

北京增值税专用发票

北京 发票联

开票日期：2012 年 12 月 06 日

购货单位	名　称：北京通益有限责任公司 纳税人识别号：010543213337789 地址、电话：北京市王府井大街 119 号　010－12345678 开户行及账号：工行北京市朝阳分理处 010123450000056888				密码区	（略）	
货物或应税劳务名称	规格型号	单位	数量	单价	金额	税率	税额
设备		台	3	100000.00	300000.00	17%	51000.00
合　计					￥300000.00		￥51000.00
价税合计（大写）	⊗叁拾伍万壹仟元整				（小写）￥351000.00		
销货单位	名　称：北京市大明设备厂 纳税人识别号：010445550021988 地址、电话：北京市中关村　010－24135487 开户行及账号：农行 010369877555554660				备注	北京市大明设备厂 010445550021988 发票专用章	

收款人：　　复核：　　开票人：　　销货单位（章）

第二联 发票联 购货方记账凭证

图 4.8

运费统一结算发票

单位：北京通益有限责任公司　　2012 年 12 月 06 日　　运字:004

货物名称	单位	数量	千米	吨公里	运率	金额
设备	台	3			500.00	1500.00
合计（大写）	壹仟伍佰元整					￥1500.00

会计：　　出纳：　　制单：　　开票单位：北京新达运输公司（北京新达运输公司 9876543210123456578 发票专用章）

相关链接

税法规定，2009 年 1 月 1 日以后购入的生产经营用固定资产（设备等动产）其进项税可以抵扣，如果该固定资产需要安装，那么在建工程领用原材料的进项税额不做转出处理，领用自产产品不会涉及销项税额的核算。2009 年 1 月 1 日以后购入的非生产经营用固定资产没有变化。2009 年后购入的允许抵扣增值税进项税额的固定资产出售时，应计算销项税额。

3）2012 年 12 月 8 日，从本市科隆设备厂购入需要安装生产用的设备，货款已付。其相关原始凭证如图 4.9、图 4.10、图 4.11、图 4.12 所示。

图 4.9

北京增值税专用发票

发票联

开票日期：2012 年 12 月 08 日

购货单位	名　　称：北京市通益有限责任公司 纳税人识别号：010543213337789 地 址 、电 话：北京市王府井大街 119 号　010－12345678 开户行及账号：工行北京市朝阳分理处 010123450000056888				密码区	（略）		
货物或应税劳务名称	规格型号	单位	数量	单价	金额	税率	税额	
设备		台	2	250000.00	500000.00	17%	85000.00	
合　计					¥500000.00		¥85000.00	
价税合计（大写）	⊗伍拾捌万伍仟元整					（小写）¥585000.00		
销货单位	名　　称：北京市科隆设备厂 纳税人识别号：010125644789324 地 址 、电 话：北京市东单大街 120 号　010－61235874 开户行及账号：建行 010990125445632114				备注	北京市科隆设备厂 010125644789324 发票专用章		

第二联　发票联　购货方记账凭证

收款人：　　　　复核：　　　　开票人：　　　　销货单位（章）

图 4.10

中国工商银行 转账支票存根 000000024
附加信息
出票日期：2012 年 12 月 08 日
收款人：北京市科隆设备厂
金　额：¥590000.00
用　途：购买设备
单位主管　　　会计

图 4.11

安装费单据

字第 12 号

人民币	伍仟元整	¥5000.00
上款系 安装费		
此　致		
台　照		领收人：北京市科隆设备厂
		2012 年 12 月 08 日

图4.12

固定资产入账单

2012年12月08日　　　　单位：元

名称及规格	数量	单位	买价	安装费	金额	备注
设备	2	台	500000.00	5000.00	505000.00	交付安装使用
验收部门：生产部门						

会计：　　　　制单：

小思考：购入需要安装的设备与不需要安装的设备，其会计处理上有什么不同？

4）2012年12月10日，接受外商投资。其相关原始凭证如图4.13所示。

图4.13

固定资产投资入账单

开票日期：2012年12月10日

投资单位	名　称	某外商		企业代码	111
	地址、电话	13910840089		开户银行及账号	
投资名称	计量单位	数量	单价	金　额	投资方式
设备	台	1	468000.00	百 十 万 千 百 十 元 角 分	固定资产投资
价税合计（大写）	肆拾陆万捌仟元整			¥ 4 6 8 0 0 0 0 0	
接受单位	名　称	北京通益有限责任公司		企业代码	113
	地址、电话	北京市王府井大街119号 010－12345678		开户银行及账号	工银北京市朝阳分理处 010123450000056888

5）12月15日，出售厂房。其相关原始凭证如图4.14、图4.15、图4.16所示。

图4.14

固定资产出售交接单

2012年12月15日　　　　单位：元

销售单位	北京通益有限责任公司			购入单位	北京市远大公司		
名称及型号	单位	数量	原始价值	已提折旧	净值	预计年限	方式
厂房	栋	1	400000	200000	200000	30	出售
出售价格：250000.00元				备注：			

单位：（章）　　财务专用章　　主管：　　　　会计：

图4.15

营业税计算表

2012年12月15日　　　　单位：元

计税项目	计税金额	税率	应交营业税
出售固定资产收入	250 000	5%	12 500

负责人：　　　　制表人：

温馨提示

税法规定，企业出售不动产及转让无形资产、提供应税劳务要交纳营业税。

图 4.16　　中国工商银行 **进 账 单**（收账通知）　　3

2012 年 12 月 15 日

出票人	全　称	北京通益有限责任公司	收款人	全　称	北京市远大公司
	账　号	010123450000056888		账　号	010666632147855524
	开户银行	工行北京市朝阳分理处		开户银行	工行北京市支行
金额	人民币（大写）	贰拾伍万元整			亿 千 百 十 万 千 百 十 元 角 分 ¥ 2 5 0 0 0 0 0 0
票据种类	支票	票据张数	1		
票据号码	888				
复核　　记账				收款人开户银行签章	

（印章：中国工商银行北京市朝阳分理处 2012.12.15 转讫）

此联是收款人开户银行交给收款人的收账通知

6）12 月 18 日，报废设备一台。其相关原始凭证如图 4.17、图 4.18、图 4.19、图 4.20 所示。

图 4.17　　**固定资产报废单**

2012 年 12 月 18 日　　单位：元

名称及型号	单位	数量	原始价值	已提折旧	净值	清理费	残料价值
设备	台	1	100000	50000	50000	1000	5000
报废原因：水灾				处理意见：同意毁损处理			

（印章：北京通益有限责任公司 财务专用章）

第二联　记账

单位：（章）　　主管：　　会计：

小思考：固定资产报废先按固定资产净值转入什么科目了，我怎么想不起来了？

图 4.18

支 出 凭 单

2012 年 12 月 18 日

兹　　因	报废设备支付清理费		
付给（收款人）	清理部门		
人民币（大写）	壹仟元整	¥ 1000.00	
批 准 人		领 收 人	现 金 付 讫
会计主管人		经 手 人	

图 4.19

材 料 入 库 单

供货单位：

2012 年 12 月 18 日

品　名	规 格	单位	总个数	单位重量	总重量	单价	金额/元
残料							5000.00

主管：　　　　验收：　　　　采购：

图 4.20

欠　据

字第 12 号

人民币　叁万元整　　　　¥ 30000.00

上款系 保险公司赔款

此　致

领收人：北京通益有限责任公司

台　照　　　　2012 年 12 月 18 日

负责人：　　　　会计：　　　　出纳：　　　　经手人：

温馨提示

固定资产处置净损益分别由“固定资产清理”账户转入“营业外收入”（净收益）和“营业外支出”（净损失）。

7）12 月 30 日，盘盈设备一台。其相关原始凭证如图 4.21 所示。

图 4.21

固定资产盘盈、盘亏报告单

部门：车间

2012 年 12 月 30 日

固定资产名称	盘盈		盘亏			原因
	数量	重置价值/元	数量	原始价值	已提折旧	
生产设备	1 台	150000				前期差错
备　注	转入以前年度损益					

主管：　　　　制单：

相关链接

新《企业会计准则》规定，固定资产盘盈不再通过“待处理财产损溢”账户核算，而是当做“以前年度损益”处理，同时要调整以前年度的税收及利润分配相关内容如下。

借：固定资产

贷：以前年度损益调整

8）12 月 30 日，盘亏设备一台。其相关原始凭证如图 4.22、图 4.23 所示。

图 4.22

固定资产盘盈、盘亏报告单

部门：车间　　2012 年 12 月 30 日　　单位：元

固定资产名称	盘盈		盘亏			原因
	数量	重置价值	数量	原始价值	已提折旧	
生产设备			1 台	100000	34000	不明
备　注	先挂账					

主管：　　制单：

图 4.23

固定资产盘盈、盘亏报告单

部门：车间　　2012 年 12 月 31 日　　单位：元

固定资产名称	盘盈		盘亏			原因
	数量	重置价值	数量	原始价值	已提折旧	
生产设备			1 台	100000	34000	被盗
备　注	领导批示，同意按净值转入损益					

主管：　　制单：

实训 4.2　固定资产折旧核算演练

小思考：会计科小李同科室其他人员探讨固定资产处理时认为电子设备和厂房都是企业的固定资产，虽然使用寿命不同，但遵循一致性原则，在同一会计期间都应采用同一种方法计提折旧。这种说法对吗？

1）2012 年 12 月末，通益公司购入一幢办公厂房，原值 400 000 元，预计使用 20 年，预计净残值率 4%，采用直线法计提 2012 年年折旧额、月折旧额。其相关原始凭证如图 4.24 所示。

图 4.24　**固定资产折旧计算表**

2012 年 12 月 31 日　　单位:元

年份	项目	原值	净残值率	应提年折旧额	应提月折旧额	备注
合计						

主管:　　会计:　　复核:　　制单:

2）通益公司有一辆运货卡车，原值为 150 000 元，预计净残率 4%，预计总行驶里程 400 万千米，本月行驶 0.4 万千米，采用工作量法计算该卡车月折旧额。其相关原始凭证如图 4.25 所示。

图 4.25　**固定资产折旧计算表**

2012 年 12 月 31 日　　单位:元

部门	项目	原值	净残值	应提月折旧额	备注
合计					

主管:　　会计:　　复核:　　制单:

3）通益公司现有一台生产设备，原值 200 000 元，预计使用年限 5 年，预计净残值 5 000 元，假设采用双倍余额递减法计算每年折旧额。其相关原始凭证如图 4.26 所示。

图 4.26　**双倍余额递减法折旧计算表**　　单位:元

年限	年初账面折余价值	年折旧率	折旧额	累计折旧额	年末账面折余价值
合计					

4）同业务 3），预计净残值为 2 000 元，假设采用年数总和法计算每年折旧额。其相关原始凭证如图 4.27 所示。

图 4.27　　**年数总和法折旧计算表**　　单位：元

年限	固定折旧基数	年折旧率	年折旧额	累计折旧额	年末账面折余价值
合计					

小知识

企业应当根据固定资产有关的经济利益的预期实现方式，合理地选择固定资产折旧方法，如厂房、建筑物可采用平均年限法；一般性机器设备可按耗用量采用工作量法；医药、电子设备等需要加速折旧的采用双倍余额递减法或年数总和法计提固定资产折旧。

实训 4.3　在建工程核算演练

小思考：通益公司在自行组织施工人员建造厂房时，耗用了用于生产的原材料及自产产品，并从账面上减少原材料及库存商品，但未考虑增值税。这种做法是否符合相关法规规定？

1）12 月 6 日，购入工程物资。其相关原始凭证如图 4.28、图 4.29、图 4.30 所示。

图 4.28

北京增值税专用发票

发票联

开票日期：2012 年 12 月 06 日

购货单位	名　　称：北京通益有限责任公司 纳税人识别号：010543213337789 地 址 、电 话：北京市王府井大街 119 号　010－12345678 开户行及账号：工行北京市朝阳分理处 010123450000056888				密码区	（略）	
货物或应税劳务名称	规格型号	单位	数量	单价	金额	税率	税额
工程物资		吨	10	50000.00	500000.00	17%	85000.00
合　　计					¥500000.00		¥85000.00
价税合计（大写）	⊗伍拾捌万伍仟元整				（小写）¥585000.00		
销货单位	名　　称：北京四通公司 纳税人识别号：010127890021056811 地 址 、电 话：北京市西单街 118 号　010－85432424 开户行及账号：中行北京市宣武分理处 010990060540038760				备注	北京四通公司 010127890021056811 发票专用章	

第二联 发票联 购货方记账凭证

收款人：　　复核：　　开票人：　　销货单位（章）

图 4.29

工程物资入账单

2012 年 12 月 06 日　　　　单位：元

名称及规格	数量	单位	买价	增值税	金额	备 注
工程物资	10	吨	500000.00	85000.00	585000.00	
验收部门：施工部门						

会计：　　　　制单：

图 4.30

商业承兑汇票（存根）　　3

出票日期（大写）贰零壹贰年壹拾贰月零陆日　　汇票号码 2548963

<table>
<tr><td rowspan="3">付款人</td><td>全　称</td><td>北京通益有限责任公司</td><td rowspan="3">收款人</td><td>全　称</td><td colspan="11">北京四通公司</td></tr>
<tr><td>账　号</td><td>010123450000056888</td><td>账　号</td><td colspan="11">010990060540038760</td></tr>
<tr><td>开户银行</td><td>工行北京市朝阳分理处</td><td>开户银行</td><td colspan="11">中行北京市宣武分理处</td></tr>
<tr><td colspan="2" rowspan="2">出票金额</td><td colspan="3" rowspan="2">人民币（大写）伍拾捌万伍仟元整</td><td>亿</td><td>千</td><td>百</td><td>十</td><td>万</td><td>千</td><td>百</td><td>十</td><td>元</td><td>角</td><td>分</td></tr>
<tr><td></td><td></td><td>¥</td><td>5</td><td>8</td><td>5</td><td>0</td><td>0</td><td>0</td><td>0</td><td>0</td></tr>
<tr><td colspan="2">汇票到期日（大写）</td><td>贰零壹叁年零叁月零陆日</td><td rowspan="2">付款人开户行</td><td>行　号</td><td colspan="11"></td></tr>
<tr><td colspan="2">交易合同号码</td><td></td><td>地　址</td><td colspan="11"></td></tr>
<tr><td colspan="3">北京通益有限责任公司 财务专用章
出票人签章</td><td colspan="13">备注：</td></tr>
</table>

2）12 月 7 日，领用工程物资。其相关原始凭证如图 4.31 所示。

图 4.31

工程物资出库单

2012 年 12 月 07 日　　　　单位：元

名称及规格	数量	单位	买价	增值税	金额	备 注
工程物资	10	吨	500000.00	85000.00	585000.00	
领用部门：施工部门						

会计：　　　　制单：

相关链接

购入工程物资的通过“工程物资”账户核算，专门用于工程建设，其增值税计入工程物资成本，核算上与原材料不同。

工程建设领用本企业生产用原材料，进项税要转出；领用自产产品用于工程建设，视同销售，计算增值税。

3）12月10日，领用生产用原材料。其相关原始凭证如图4.32所示。

图4.32

领 料 单

2012年12月10日　　字第15号

<table>
<tr><td>材料编号</td><td>102</td><td>材料名称</td><td>A材料</td><td>规格</td><td colspan="3"></td><td colspan="3">数量</td><td colspan="5">1000</td></tr>
<tr><td rowspan="2">计量单位</td><td rowspan="2">千克</td><td rowspan="2">单价</td><td rowspan="2">100.00</td><td rowspan="2">金额</td><td>亿</td><td>千</td><td>百</td><td>十</td><td>万</td><td>千</td><td>百</td><td>十</td><td>元</td><td>角</td><td>分</td></tr>
<tr><td></td><td></td><td>¥</td><td>1</td><td>0</td><td>0</td><td>0</td><td>0</td><td>0</td><td>0</td><td>0</td></tr>
<tr><td>用途及摘要</td><td colspan="15">建厂房（要同时转出该批材料购买时支付的进项税¥17000）</td></tr>
<tr><td>仓库意见</td><td colspan="2">同意</td><td>领料人</td><td colspan="12">杜鹏</td></tr>
</table>

4）12月12日，领用自产产品用于工程建设。其相关原始凭证如图4.33所示。

图4.33

库存商品出库单

2012年12月12日

<table>
<tr><td>品　名</td><td>单位</td><td>数量</td><td>单价</td><td>金额/元</td><td>备　注</td></tr>
<tr><td>甲产品</td><td></td><td></td><td></td><td>80000.00</td><td rowspan="4">用于工程建设（甲产品计税价100000元）</td></tr>
<tr><td></td><td></td><td></td><td></td><td></td></tr>
<tr><td></td><td></td><td></td><td></td><td></td></tr>
<tr><td>合计</td><td></td><td></td><td></td><td>80000.00</td></tr>
</table>

会计：　　　　　　　　　　　　制单：

5）12月15日，计算工程人员工资。其相关原始凭证如图4.34所示。

图4.34

工资费用分配表

2012年12月15日

<table>
<tr><td>产品名称</td><td>生产工时/小时</td><td>分配率</td><td>应分配金额/元</td><td>备　注</td></tr>
<tr><td>自建厂房</td><td>80000</td><td>0.3</td><td>24000.00</td><td>工程人员工资</td></tr>
<tr><td>合　计</td><td colspan="4">人民币（大写）贰万肆仟元整</td></tr>
</table>

主管：　　　　　　　　　　　　制单：

6）12月30日，工程完工。其相关原始凭证如图4.35所示。

图4.35

固定资产自建竣工交接单

2012年12月30日

<table>
<tr><td>承建单位</td><td colspan="3">北京通益有限责任公司</td><td>使用单位</td><td colspan="3">北京通益有限责任公司</td></tr>
<tr><td rowspan="2">原有固定资产</td><td>名称及规格</td><td>单位</td><td>数量</td><td>原始价值</td><td>已提折旧</td><td>净值</td><td>残值</td></tr>
<tr><td></td><td></td><td></td><td></td><td></td><td></td><td></td></tr>
<tr><td rowspan="2">完工后固定资产</td><td>名称及规格</td><td>单位</td><td>数量</td><td>全部自建费用</td><td>入账价值</td><td>年限</td><td>资金来源</td></tr>
<tr><td>自建厂房</td><td>幢</td><td>1</td><td>823000.00</td><td>823000.00</td><td></td><td>自筹</td></tr>
<tr><td>备 注</td><td colspan="7">因生产需要自建厂房一幢</td></tr>
</table>

北京通益有限责任公司 财务专用章

单位：（章）　　　　　　　　　　　　制单：

实训 4.4　拓展训练

业务资料

2008 年 8 月，通益公司因生产需要，决定采用自营方式建设一幢材料仓库，自 2008 年至 2012 年有关仓库建造及计提折旧、毁损的业务如下。

1）2008 年 8 月 7 日，购入工程物资。其相关原始凭证如图 4.36、图 4.37、图 4.38 所示。

图 4.36

北京增值税专用发票

发票联

开票日期：2008 年 08 月 07 日

购货单位	名　　称：北京通益有限责任公司 纳税人识别号：010543213337789 地 址 、电 话：北京市王府井大街 119 号　010－12345678 开户行及账号：工行北京市朝阳分理处 010123450000056888	密码区	（略）

货物或应税劳务名称	规格型号	单位	数量	单价	金额	税率	税额
工程物资		吨	10	60000.00	600000.00	17%	102000.00
合　计					¥600000.00	17%	¥102000.00
价税合计（大写）	⊗柒拾万贰仟元整					（小写）	¥702000.00

销货单位	名　　称：北京四通公司 纳税人识别号：010127890021056811 地 址 、电 话：北京市西单大街 118 号　010－85432424 开户行及账号：中行北京市宣武分理处 010990060540038760	备注	北京四通公司 010127890021056811 发票专用章

收款人：　　　　复核：　　　　开票人：　　　　销货单位（章）

第二联　发票联　购货方记账凭证

图 4.37

中国工商银行
转账支票存根
0000000002

附加信息

签发日期：*2008* 年 *08* 月 *07* 日

收款人：	北京四通公司
金　额：	¥702000.00
用　途：	购买设备

单位主管　　　　会计

图 4.38

工程物资入账单

2008 年 08 月 07 日　　　　单位：元

名称及规格	数量	单位	买价	增值税	金额	备　注
工程物资	10	吨	600000.00	102000	702000.00	
验收部门：施工部门						

会计：　　　　制单：

2）2008 年 8 月 8 日，领用工程物资。其相关原始凭证如图 4.39 所示。

图 4.39

工程物资出库单

2008 年 08 月 08 日　　　　单位：元

名称及规格	数量	单位	买价	增值税	金额	备　注
工程物资	10	吨	600000.00	102000	702000.00	
领用部门：施工部门						

会计：　　　　制单：

3）2008 年 8 月 12 日，领用生产用原材料。其相关原始凭证如图 4.40 所示。

图 4.40

领　料　单

2008 年 08 月 12 日　　　　字第 25 号

<table>
<tr><td>材料编号</td><td>102</td><td>材料名称</td><td>B 材料</td><td>规格</td><td colspan="3"></td><td colspan="2">数量</td><td colspan="6">500</td></tr>
<tr><td rowspan="2">计量单位</td><td rowspan="2">千克</td><td rowspan="2">单价</td><td rowspan="2">60.00</td><td rowspan="2">金额</td><td>亿</td><td>千</td><td>百</td><td>十</td><td>万</td><td>千</td><td>百</td><td>十</td><td>元</td><td>角</td><td>分</td></tr>
<tr><td></td><td></td><td></td><td>¥</td><td>3</td><td>0</td><td>0</td><td>0</td><td>0</td><td>0</td><td>0</td></tr>
<tr><td>用途及摘要</td><td colspan="15">建厂房（要同时转出该批材料购买时支付的进项税 5100 元）</td></tr>
<tr><td>仓库意见</td><td colspan="2">同意</td><td>领料人</td><td colspan="12">杜鹏</td></tr>
</table>

4）2008 年 8 月 16 日，领用自产产品用于工程建设。其相关原始凭证如图 4.41、图 4.42 所示。

图 4.41

北京增值税专用发票

全国统一发票监制章　国家税务总局监制

记账联

开票日期：2008 年 08 月 16 日

<table>
<tr><td>购货单位</td><td colspan="5">名　　称：北京通益有限责任公司
纳税人识别号：010543213337789
地 址 、电 话：北京市王府井大街 119 号　010－12345678
开户行及账号：工行北京市朝阳分理处 010123450000056888</td><td>密码区</td><td colspan="2">（略）</td></tr>
<tr><td colspan="2">货物或应税劳务名称
甲产品

合　计</td><td>规格型号</td><td>单位</td><td>数量</td><td>单价</td><td>金额
90000.00

¥90000.00</td><td>税率
17%

17%</td><td>税额
15300.00

15300.00</td></tr>
<tr><td colspan="2">价税合计（大写）</td><td colspan="7">⊗壹拾万伍仟叁佰元整　　　　（小写）¥105300.00</td></tr>
<tr><td>销货单位</td><td colspan="5">名　　称：北京通益有限责任公司
纳税人识别号：010543213337789
地 址 、电 话：北京市王府井大街 119 号　010－12345678
开户行及账号：工行北京市朝阳分理处 010123450000056888</td><td>备注</td><td colspan="2">北京通益有限责任公司
010543213337789
发票专用章</td></tr>
</table>

第三联　记账联　销货方记账凭证

收款人：　　　复核：　　　开票人：　　　销货单位（章）

图 4.42

库存商品出库单

2008 年 08 月 16 日

品　名	单位	数量	单价	金额/元	备注
甲产品				60000.00	用于工程建设（甲产品计税价 90000 元）
合　计				60000.00	

会计：　　　　制单：

5）2008 年 10 月 15 日，计算工程人员工资。其相关原始凭证如图 4.43 所示。

图 4.43

工资费用分配表

2008 年 10 月 15 日

产品名称	生产工时/小时	分配率	应分配金额/元	备　注
自建仓库	1000	60.00	60000.00	工程人员工资
合　　计	人民币（大写）陆万元整			

主管：　　　　制单：

6）2008 年 10 月 20 日，支付其他费用。其相关原始凭证如图 4.44、图 4.45 所示。

图 4.44

支 出 凭 单

2008 年 10 月 20 日

兹　　　因 建设材料仓库支付其他费用

付给（收款人）张广田

人民币（大写）贰万柒仟陆佰元整　　¥27600.00

批　准　人　　　　领　收　人　　现金付讫

会计主管人　　　　经　手　人

图 4.45

中国工商银行

转账支票存根

000000008

附加信息

签发日期：2008 年 10 月 20 日

收款人：	张广田
金　额：	¥27600.00
用　途：	支付其他费用

单位主管　　　　会计

7）2008年10月31日，工程完工。其相关原始凭证如图4.46所示。

图4.46

固定资产自建竣工交接单

2008年10月31日

承建单位	北京通益有限责任公司			使用单位	北京通益有限责任公司		
原有固定资产	名称及规格	单位	数量	原始价值	已提折旧	净值	残值
完工后固定资产	名称及规格	单位	数量	全部自建费用	入账价值	年限	资金来源
	材料仓库	幢	1	900000.00	900000.00		自筹
备　注	因生产需要自建材料仓库一幢						

单位：（章）　　　　　　　　　　　　　制单：

8）2008年11月，该材料仓库原值900 000元，预计使用20年，预计净残值60 000元，采用直线法计提当月折旧额。其相关原始凭证如图4.47所示（其他年份计提折旧略）。

图4.47

固定资产折旧计算表

2008年11月01日　　　　单位：元

部门	项目	原值	净残值	应提月折旧额	备　注
合　计					

主管：　　　　会计：　　　　复核：　　　　制单：

9）2012年10月31日，仓库毁损。其相关原始凭证如图4.48、图4.49、图4.50、图4.51所示。

图4.48

固定资产报废单

2012年10月31日　　　　单位：元

名称及型号	单位	数量	原始价值	已提折旧	净值	清理费	残料价值
材料仓库	幢	1	900000	168000	732000	60000	150000
报废原因：水灾				处理意见：同意毁损处理			

第二联 记账

单位：（章）　　　　主管：　　　　会计：

图4.49

支 出 凭 单

2012年10月31日

兹　　因　报废仓库支付清理费

付给（收款人）清理部门

人民币（大写）陆万元整　　　　¥60000.00

批　准　人　　　　领　收　人

会计主管人　　　　经　手　人　　　　现金付讫

图4.50 **材料入库单**

供货单位：　　2012年10月31日

品　名	规格	单位	总个数	单位重量	总重量	单价	金额/元
残料							150000.00

主管：　　验收：　　采购：

图4.51 **欠　据**　　字第9号

人民币 贰拾壹万元整　　¥210000.00

上款系 保险公司赔款

此　致

领收人：北京通益有限责任公司

台　照　　2012年10月31日

负责人：　　会计：　　出纳：　　经手人：

课后延伸

固定资产在资产负债日存在可能发生减值的迹象时，其可收回金额低于账面价值的，企业应当将该固定资产的账面价值减记至可收回金额，减记的金额确认为减值损失，计入当期损益，同时计提相应的资产减值准备，即借记“资产减值损失”科目，贷记“固定资产减值准备”科目。

模块 5 无形资产核算实训

模块认知

无形资产是指企业拥有或控制的没有实物形态的可辨认非货币性资产，主要包括专利权、非专利技术、商标权、著作权、特许权等。无形资产同时满足下列条件时才能予以确认：与该无形资产有关的经济利益很可能流入企业；该无形资产的成本能够可靠计量。

本模块属于资产类单项知识的实训，要求学生在完成基本理论知识的学习后，进一步掌握无形资产确认、计量的方法和涉及的原始凭证，掌握有关无形资产的增减与摊销业务的具体核算方法。本模块实训的主要目的是：提高学生具有熟练进行企业无形资产实务的会计处理能力；具有运用会计基本理论知识解释无形资产信息生成过程的能力；具有解决无形资产会计处理过程中的常见问题能力。

“我们单位购入了一项商标权，同时自主研发的一项新产品也申请到了专利技术，你知道这样的业务怎样进行会计处理吗？尤其是自行开发无形资产的研发支出，无论是否满足资本化条件，均应先在‘研发支出’科目中归集，待开发项目完全达成预定用途形成无形资产时，再将其发生的实际成本转入无形资产。”

课前热身

1. 实训前要为学生准备好有关的原始凭证、记账凭证。

2. 复习：无形资产的确认标准及确认条件是什么？对于不同来源取得的无形资产，其成本构成有什么不同？自行研究与开发无形资产的研究阶段与开发阶段分别如何核算？

实训要求

1. 要求学生认真审核原始凭证，根据审核无误的原始凭证编制记账凭证。

2. 准确进行无形资产取得、摊销、转让的会计处理。

实训　无形资产增加、摊销、转让核算演练

通益公司2012年12月份发生下列经济业务。

1）12月10日，购入一项商标权。其相关原始凭证如图5.1、图5.2所示。

图5.1

中国工商银行
转账支票存根
00000021

附加信息＿＿＿＿＿＿＿＿

签发日期：*2012*年*12*月*10*日

收款人：	北京国汇有限责任公司
金　额：	*¥240000*
用　途：	购买商标权

单位主管　　　　会计

图5.2

税务机关（地税）代开统一发票

发票联

发票代码：00150028496

发票号码：00012992

2012年12月10日

付款方名称	北京通益有限责任公司	代开普通发票申请表号码	
收款方名称及地址、电话	北京国汇有限责任公司　人民大街1128号	收款方识别号或证件号码	101023560698237
品目及金额		备注	
转让商标权　240000.00		税种　税率　金额 营业税　5%　12000.00 代开单位盖章	
合计人民币（大写）	贰拾肆万元整		¥240000.00
税额（大写）	壹万贰仟元整	完税凭证号码	
机打发票手填无效　无税务机关盖章无效			

税控码：　　　　　　　　　　　　　　　开票人：

2）12 月 15 日，接受投资。其相关原始凭证如图 5.3 所示。

图 5.3

接受投资收据

2012 年 12 月 15 日

投资单位	北京市万盛有限责任公司	投资日期	2012 年 12 月 15 日	
投资项目	原值	评估价值	投资期限	备注
专有技术	100000.00	150000.00	10	
投资金额	人民币（大写）壹拾伍万元整			¥150000.00

接受单位：（签章）

小知识

投资者投入无形资产的成本，应当按照投资合同或协议约定的价值确定，但合同或协议约定价值不公允的除外。

3）12 月 20 日，无形资产摊销。其相关原始凭证如图 5.4 所示。

图 5.4

无形资产摊销计算单

2012 年 12 月 20 日

无形资产名称	原 值	摊销年限	本月摊销额
商标权	240000	10	2000
专有技术	150000	10	1250
合　计			3250
人民币（大写）叁仟贰佰伍拾元整			¥3250.00

主管：　　　记账：　　　复核：　　　制表：

4）12 月 22 日，转让无形资产。其相关原始凭证如图 5.5、图 5.6、图 5.7 所示。

图 5.5

税务机关（地税）代开统一发票

发　票　联

发票代码：1002250700012

发票号码：00033667

2012 年 12 月 22 日

付款方名称	北京市嘉禾利华公司	代开普通发票申请表号码	
收款方名称及地址、电话	北京通益有限责任公司　王府井大街 119 号	收款方识别号或证件号码	101023523015823
品 目 及 金 额		备　注	
转让专利权	180000.00	税种：营业税　税率：5%　金额：9000.00	代开单位盖章
合计人民币（大写）	壹拾捌万元整		¥180000.00
税额（大写）	玖仟元整	完税凭证号码	
机打发票手填无效　无税务机关盖章无效			

税控码：　　　　　　　　　　开票人：

图 5.6

无形资产转让计算单

2012 年 12 月 22 日　　　　单位：元

转让单位	北京通益有限责任公司		受让单位	北京市嘉禾利华公司		
名 称	单位	数量	原始价值	已摊销	净值	转让方式
专利权	项	1	220000	122000	98000	有偿
转让价值	人民币（大写）壹拾捌万元整			¥ 180000. 00		备注：

转让单位：（签章）北京通益有限责任公司 财务专用章　主管：　　复核：　　制单：

图 5.7

中国工商银行 **进 账 单**（收账通知）　　3

2012 年 12 月 22 日

出票人	全 称	北京市嘉禾利华公司		收款人	全 称	北京通益有限责任公司
	账 号	010554470006698789			账 号	010123450000056888
	开户银行	工行北京市支行			开户银行	工行北京市朝阳分理处
金额	人民币（大写）壹拾捌万元整				亿千百十万千百十元角分	¥ 1 8 0 0 0 0 0 0
票据种类	支票	票据张数	1	中国工商银行北京市朝阳分理处 2012.12.22 转讫		
票据号码	39					
复核　　记账						收款人开户银行签章

此联是收款人开户银行交给收款人的收账通知

5）12 月 25 日，接受无形资产投资。其相关原始凭证如图 5. 8 所示。

图 5.8

接 受 投 资 收 据

2012 年 12 月 25 日

投资单位	北京市亚泰投资有限责任公司	投资日期	2012 年 12 月 25 日	
投资项目	原 值	评估价值	投资期限	备注
专有技术	300000	450000	10	
投资金额	人民币（大写）肆拾伍万元整			¥ 450000. 00

接受单位：（签章）北京通益有限责任公司 财务专用章

6）12 月 28 日，购入专利。其相关原始凭证如图 5. 9、图 5. 10 所示。

图 5.9

税务机关（地税）代开统一发票

发　票　联

2012 年 12 月 28 日

发票代码：100150028496

发票号码：00012992

付款方名称	北京通益有限责任公司	代开普通发票申请表号码	
收款方名称及地址、电话	北京科通有限责任公司　惠民大街 58 号	收款方识别号或证件号码	101022658942169
品　目　及　金　额		备　注	
购入专利技术　　500000. 00		税种：营业税　税率：5%　金额：25000. 00 税收专用章　代开单位盖章	
合计人民币（大写）	伍拾万元整	￥500000. 00	
税额（大写）	贰万伍仟元整	完税凭证号码	
机打发票手填无效　无税务机关盖章无效			

税控码：　　　　开票人：

图 5. 10

中国工商银行

转账支票存根

00000035

附加信息

签发日期：2012 年 12 月 24 日

收款人：	北京科通有限责任公司
金　额：	￥500000
用　途：	购买专利技术

单位主管　　　　会计

课后延伸

小李大学毕业后在一家大型集团公司的财务部门从事会计工作，所接触的好多业务是她在学校学习会计时所没有接触到的。这两天她正在学习集团公司自行开发财务软件发生支出的会计处理方法。

情况是这样的，为满足本企业会计电算化的需要，集团公司组织专业技术人员研究开发了适用本企业的财务软件。在研究开发中，发生材料费 50 000 元，工资 20 000 元，用银行存款支付其他费用 30 000 元。现在该软件已经达到了预定的用途，其中符合资本化条件的支出 65 000 元。对这些支出小李应该怎样进行正确的会计处理呢？

① 借：研发支出——费用化支出	35 000	
——资本化支出	65 000	
贷：原材料		50 000
应付职工薪酬		20 000
银行存款		30 000
② 借：管理费用	35 000	
无形资产	65 000	
贷：研发支出——费用化支出		35 000
——资本化支出		65 000

模块 6 负债核算实训

模块认知

负债是指企业过去的交易或事项形成的、预期会导致经济利益流出企业的现时义务。负债通常具有以下 3 个特征。

① 负债是基于企业过去的交易或事项而发生的。

② 负债是企业承担的现时义务，一般是由具有约束力的合同或因法定要求等而产生的。

③ 负债的发生往往伴随着资产或劳务的取得或费用、损失的发生；并且负债通常需要在未来某一特定时日用资产或劳务来偿付。

本模块包括负债的部分实训内容，主要以银行借款和职工薪酬为主。通过本模块的实训演练，要求学生了解并掌握企业取得银行借款、发生借款利息及归还借款本金及利息时的处理；掌握工资的计算，以及其提取、发放、代扣款项的核算及工资附加费的计提及使用；同时还要掌握应付账款、应付票据、预收款项的核算。

“我是会计员小刘，我负责银行借款业务。银行借款是企业重要的资金来源，对于借款的取得、计息、归还一定要准确把握哦！”

课前热身

1. 实训准备：建立模拟银行岗位，准备相关原始凭证、记账凭证。

2. 课前复习：借款种类有哪些？计提借款利息的会计处理是怎样的？应付职工薪酬的内容包括哪些？

实训要求

1. 识别借款相关原始凭证，准确处理借款的核算业务。
2. 根据实训有关资料正确计算职工工资并及时处理。
3. 根据实训有关资料准备计算工资各项附加费并处理。
4. 正确填制现金支票。

实训 6.1　借款核算演练

通益公司 2012 年发生如下银行借款业务。

1）2012 年 1 月 2 日，从银行取得为期 3 个月的借款。相关原始凭证如图 6.1 所示。

2）2012 年 1 月 31 日，计提短期借款利息。相关原始凭证如图 6.2 所示。

3）2012 年 3 月 31 日，支付第一季度短期借款利息。相关原始凭证如图 6.3 所示。

4）2012 年 4 月 2 日，归还银行短期借款本金。相关原始凭证如图 6.4 所示。

5）2012 年 5 月 6 日，从银行取得借款，5 年期，年利率 6.4%，一次还本付息，用于建造厂房。相关原始凭证如图 6.5 所示。

6）2012 年 5 月 31 日，计提长期借款利息。相关原始凭证如图 6.6 所示。

7）2017 年 5 月 6 日，归还 5 年期借款本金及利息。相关原始凭证如图 6.7 所示。

图 6.1

贷款凭证（3）（收账通知）

2012 年 01 月 02 日

贷款单位	北京通益有限责任公司	种类	短期	贷款户账号	工行北京市朝阳分理处 010123450000056888
金　额	人民币（大写）捌拾万元整				千 百 十 万 千 百 十 元 角 分 ¥ 8 0 0 0 0 0 0 0
用　途	流动资金周转借款	单位申请期限			自 2012 年 01 月 02 日至 2012 年 04 月 02 日
		银行核定期限			自 2012 年 01 月 02 日至 2012 年 04 月 02 日
上述贷款已核准发放贷款 并已划入你单位账号 月利率 0.47% 2012 年 01 月 02 日	中国工商银行北京市朝阳办理处 2012.01.02 转 讫				单位会计分录 收入 付出 复核　记账 主管　会计

银行签章

小思考：税务部门在审查公司账务时，发现该企业将短期借款用于购买固定资产，弥补亏损，认为借款用在了不合理支出上，请你审一下，为什么税务部门认为不合理？

图 6.2

预提银行借款利息计算表

2012 年 01 月 31 日　　单位：元

借款种类	金 额	利 率	本月应提利息	备 注
生产周转借款	800 000	0.47%	3 760	

主管：　　记账：　　复核：　　制表：

小思考：在实际工作中，短期借款利息有几种支付方式？

图 6.3

代银行转账传票
代银行支款通知
代银行收款通知

特种转账传票

字第____号

报单号码：______

付款行	行号		转账	2012年03月31日	收款行	行号	转账	2012年03月31日
	行名	中国工商银行				行名	中国工商银行	
付款单位	全称	北京通益有限责任公司			收款单位	全称	工行北京市朝阳分理处	
	账号	0101234500000568888				账号		
人民币（大写）	壹万壹仟贰佰捌拾元整				亿千百十万千百十元角分		¥1128000	
原凭证金额	¥	赔偿金	¥		会计分录	(收) ____ ¥____		
原凭证名称		号码				(收) ________		
转账原因	支付短期借款一个季度利息					(付) ____ ¥____		
						(付) ____ ¥____		

附件 张

中国工商银行北京市 朝阳分理处 2012.03.31 转 模拟 讫

图 6.4

代银行转账传票
代银行支款通知
代银行收款通知

特种转账传票

字第____号

报单号码：______

付款行	行号		转账	2012年04月02日	收款行	行号	转账	2012年04月02日
	行名	中国工商银行				行名	中国工商银行	
付款单位	全称	北京通益有限责任公司			收款单位	全称	工行北京市朝阳分理处	
	账号	0101234500000568888				账号		
人民币（大写）	捌拾万元整				亿千百十万千百十元角分		¥80000000	
原凭证金额	¥	赔偿金	¥		会计分录	(收) ____ ¥____		
原凭证名称		号码				(收) ________		
转账原因	归还短期借款本金					(付) ____ ¥____		
						(付) ____ ¥____		

附件 张

中国工商银行北京市 朝阳分理处 2012.04.02 转 模拟 讫

小知识

短期借款的偿还要严格按还款日期归还，对于企业拖欠未还的借款，企业应申请展期，如果无固拖欠，银行会加收罚息。

图 6.5

贷款凭证（3）（收账通知）

2012 年 05 月 06 日

贷款单位	北京通益有限责任公司	种类	长期	贷款户账号	工行北京市朝阳分理处 010123450000056888
金 额	人民币（大写）壹佰万元整				千百十万千百十元角分 ¥ 1 0 0 0 0 0 0 0 0
用 途	贷款建设厂房	单位申请期限		自 2012 年 05 月 06 日至 2017 年 05 月 06 日	
		银行核定期限		2012 年 05 月 06 日至 2017 年 05 月 06 日	
上述贷款已核准发放贷款 并已划入你单位账号 月利率 0.53% 2012 年 05 月 06 日					单位会计分录 收入 付出 复核 记账 主管 会计

（印章：中国工商银行北京市 朝阳分理处 2012.05.06 转 模拟 讫）

银行签章

图 6.6

预提银行借款利息计算表

2012 年 05 月 31 日

单位：元

借款种类	金 额	利 率	本月应提利息	备 注
长期借款	1 000 000	0.53%	5 300	厂房建设尚未完工

主管： 记账： 复核： 制表：

相关链接

长期借款计息的处理方法如下。

①属于筹建期间的，不符合资本化条件的应计入当期损益；②属于生产经营期间的，计入财务费用；③如果长期借款用于购建固定资产，固定资产尚未达到预定使用状态前，发生利息支出计入在建工程成本；④固定资产达到预定可使用状态后发生的利息支出，以及按规定不予资本化的利息支出，计入财务费用。

图 6.7

代银行转账传票
代银行支款通知
代银行收款通知

特 种 转 账 传 票

字第____号

报单号码：______

付款行	行 号		转账 2017 年 05 月 06 日	收款行	行 号		转账 2017 年 05 月 06 日
	行 名	中国工商银行			行 名	中国工商银行	
付款单位	全 称	北京通益有限责任公司		收款单位	全 称	工行北京市朝阳分理处	
	账 号	010123450000056888			账 号		
人民币（大写）	壹佰叁拾贰万元整				亿千百十万千百十元角分 ¥ 1 3 2 0 0 0 0 0 0		
原凭证金额	¥______	赔偿金	¥______	会计分录	（收）______ ¥______		
原凭证名称		号 码			（收）______		
转账原因	归还长期借款本金及利息				（付）______ ¥______		
					（付）______ ¥______		

附件 张

（印章：中国工商银行北京市 朝阳分理处 2017.05.06 转 模拟 讫）

我是工资会计，企业职工薪酬的准确计算关系到每一位职工的个人利益，我再忙也要做到细致认真。

实训 6.2 应付职工薪酬核算演练

通益公司 2012 年 2 月发生如下工资结算业务。

1）2012 年 2 月计算的工资结算汇总表，如图 6.8 所示。

2）根据工资结算汇总表编制工资分配汇总表，如图 6.9 所示。

3）根据工资结算汇总表填制职工福利费计算表，如图 6.10 所示。

4）根据工资结算汇总表中的工资总额计提工会经费，并填制计提工会经费计算表，如图 6.11 所示。

5）根据工资计算汇总表中的工资总额计提职工教育经费，并填制计提职工教育经费计算表，如图 6.12 所示。

6）根据工资结算汇总表中的实发金额签发现金支票，提取现金发放工资(想想签发支票后要盖什么章)。其相关原始凭证如图 6.13 所示。

图 6.8

工资结算汇总表

2012 年 02 月

单位:元

车间部门	人员类别	应付工资					代扣款项			实发工资
		标准工资	各种奖金	各种津贴	缺勤扣款	合计	公积金	个人所得税	合计	
基本生产车间	生产工人	264 000	26 000	5 000	2 000		8 000	2 200		
	管理人员	32 000	4 000	2 600	1 000		1 500	550		
辅助生产车间	生产工人	12 000	3 200	980	300		600	460		
	管理人员	4 500	900	400			500	100		
行政管理部门	管理人员	54 000	3 000	2 300	460		700	360		
销售部门	销售人员	76 000	8 000	2 600	380		900	220		
合　计										

复核：　　　　　　　　制表：

图 6.9

工资分配汇总表

2012 年 02 月

应分配工资 车间部门 / 应借科目	基本生产车间工人	车间管理人员	辅助生产车间	行政管理部门	销售部门	合　计
生产成本——基本生产成本						
生产成本——辅助生产成本						
制造费用						
管理费用						
销售费用						
合　计						

小知识

《企业会计准则》规定，应付职工薪酬包括职工工资、奖金、津贴和补贴，职工福利费、医疗、养老、失业、工伤、生育等社会保险费，住房公积金、工会经费，职工教育经费，非货币性福利等因职工提供服务而产生的义务。

图 6.10

职工福利费计算表

2012 年 02 月

车间部门		工资总额	当期预计的职工福利费（14%）
基本生产车间	生产工人		
	管理人员		
辅助生产车间	生产工人		
	管理人员		
行政管理人员			
销售部门			
合　计			

小知识

《企业会计准则》规定，对于职工福利费国家（或企业年金计划）没有明确规定计提比例，企业应当根据历史经验数据和情况，合理预计当期应付职工薪酬。

图 6.11

工会经费计算表

2012 年 02 月

车间部门		工资总额	当期计提的工会经费（2%）
基本生产车间	生产工人		
	管理人员		
辅助生产车间	生产工人		
	管理人员		
行政管理人员			
销售部门人员			
合　计			

图 6.12

职工教育经费计算表

2012 年 02 月

车间部门		工资总额	当期计提的职工教育经费（2.5%）
基本生产车间	生产工人		
	管理人员		
辅助生产车间	生产工人		
	管理人员		
行政管理人员			
销售部门人员			
合　计			

图 6.13

中国工商银行
现金支票存根
00000014
附加信息

签发日期：　　年　月　日
收款人：
金　额：
用　途：
单位主管　　　　会计

付款期限自出票之日起十天

中国工商银行　现金支票　XⅣ 00000001

出票日期（大写）　年　月　日　付款行名称：
收款人：　　　　　　　　　　　出票人账号：

人民币（大写）	亿	千	百	十	万	千	百	十	元	角	分

用途

上列款项请从
我账户内支付
出票人签章　　　　　复核　　　记账

课后延伸

企业以其自产产品作为非货币性福利发放给职工的，应当根据受益对象，按照该产品的公允价值，计入相关成本或当期损益，同时确认应付职工薪酬。

将企业拥有的房屋等资产无偿提供给职工使用的，应当根据受益对象，将该住房每期应计提的折旧计入相关资产成本或当期损益，同时确认应付职工薪酬。

难以认定受益对象的非货币性福利，直接计入当期损益和应付职工薪酬。

我是一名往来会计，需要处理企业与其他单位和个人办理往来业务的核算。现在我所核算的是购买货物时发生的应付及预收账款。

实训 6.3 应付及预收账款核算演练

通益公司 2012 年 3—10 月份发生如下有关材料采购部分业务的核算（材料采用实际成本核算）。

1）3 月 2 日，企业购入 A 材料 2 000 千克，单价 100 元，税率 17%，材料运到并验收入库，款项尚未支付。其相关原始凭证如图 6.14、图 6.15 所示。

图 6.14

北京增值税专用发票

（全国统一发票监制章 北京 国家税务总局监制）

发 票 联

开票日期：2012 年 03 月 02 日

购货单位	名称：北京通益有限责任公司 纳税人识别号：010543213337789 地址、电话：北京市王府井大街 119 号 010－12345678 开户行及账号：工行北京市朝阳分理处 010123450000056888					密码区	（略）
货物或应税劳务名称	规格型号	单位	数量	单价	金额	税率	税额
A 材料		千克	2000	100.00	¥200000.00	17%	34000.00
合 计					¥200000.00		¥34000.00
价税合计（大写）	⊗贰拾叁万肆仟元整				（小写）¥234000.00		
销货单位	名称：北京四通公司 纳税人识别号：010127890021056811 地址、电话：北京市西单大街 118 号 010－85432424 开户行及账号：中行北京市宣武分理处 010990060540038760					备注	（北京四通公司 010127890021056811 发票专用章）

第二联 发票联 购货方记账凭证

收款人： 复核： 开票人： 销货单位（章）

图 6.15

收 料 单

供应单位：北京四通公司

材料科目：原材料　　发票号码：00301

材料类别：原料　　2012 年 03 月 02 日　　收料仓库：一仓库

材料名称	规格	计量单位	数量		实际成本					
			应收	实收	买价		运杂费	其他	合计	单位成本
					单价	金额				
A 材料		千克	2000	2000	100	200000			200000	100
合计										

记账： 收料： 制单：

2）5 月 6 日，开出转账支票支付 3 月 2 日的应付款项。其相关原始凭证如图 6.16 所示。

图 6.16

中国工商银行
转账支票存根
000000015

附加信息

签发日期：2012 年 05 月 06 日

收款人：	北京四通公司
金　额：	¥234000.00
用　途：	付材料款

单位主管　　　会计

3）6 月 1 日，购入 B 材料 5 000 千克，单价 60 元，税率 17%，材料未到，企业开出一张 3 个月期限的不带息商业承兑汇票。其相关原始凭证如图 6.17、图 6.18 所示。

图 6.17

北京增值税专用发票

发　票　联

开票日期：2012 年 06 月 01 日

购货单位	名　　称：北京通益有限责任公司 纳税人识别号：010543213337789 地 址 、电 话：北京市王府井大街 119 号　010－12345678 开户行及账号：工行北京市朝阳分理处 0101234500000056888				密码区	（略）	
货物或应税劳务名称	规格型号	单位	数量	单价	金额	税率	税额
B 材料		千克	5000	60.00	¥300000.00	17%	51000.00
合　计					¥300000.00		¥51000.00
价税合计（大写）	⊗叁拾伍万壹仟元整					（小写）	¥351000.00
销货单位	名　　称：北京四通公司 纳税人识别号：010127890021056811 地 址 、电 话：北京市西单大街 118 号　010－85432424 开户行及账号：中行北京市宣武分理处 010990060540038760				备注	北京四通公司 010127890021056811 发票专用章	

第一联 发票联 购货方记账凭证

收款人：　　　复核：　　　开票人：　　　销货单位（章）

图 6.18 商业承兑汇票（存根） 3

出票日期（大写） 贰零壹贰年零陆月零壹日　　　　汇票号码 2546801

付款人	全称	北京通益有限责任公司	收款人	全称	北京四通公司
	账号	010123450000056888		账号	010990060540038760
	开户银行	工行北京市朝阳分理处		开户银行	中行北京市宣武分理处
出票金额		人民币（大写）叁拾伍万壹仟元整	亿千百十万千百十元角分		¥35100000
汇票到期日（大写）		贰零壹叁年零玖月零壹日	付款人开户行	行号	
交易合同号码				地址	
出票人签章			备注：		

此联出票人留存

4）7月1日，6月1日购入的材料到达验收入库。其相关原始凭证如图 6.19 所示。

图 6.19 收料单

供应单位：北京四通公司

材料科目：原材料　　　　发票号码：00302

材料类别：原料　　2012 年 07 月 01 日　　收料仓库：二仓库

材料名称	规格	计量单位	数量		实际成本					
			应收	实收	买价 单价	买价 金额	运杂费	其他	合计	单位成本
B材料		千克	5000	5000	60	300000			300000	60
合计										

记账：　　　收料：　　　制单：

5）9月1日，6月1日签发的商业承兑汇票到期，企业通知开户银行以银行存款支付票据款。其相关原始凭证如图 6.20 所示。

图 6.20 中国工商银行电汇凭证（回单） 1

☑普通　☐加急　　委托日期 2012 年 09 月 01 日

汇款人	全称	北京通益有限责任公司	收款人	全称	北京四通公司
	账号	010123450000056888		账号	010990060540038760
	汇出地点	省北京市/县		汇入地点	省北京市/县
汇出行名称		工行北京市朝阳分理处	汇入行名称		中行北京市宣武分理处
金额		人民币（大写）叁拾伍万壹仟元整	亿千百十万千百十元角分		¥35100000
汇出行盖章			支付密码		
			附加信息及用途：支付票据款		复核　记账

此联是汇出行给汇款人的回单

6）10月10日，企业收到某公司预付的商品货款 50 000 元。其相关原始凭证如图 6.21 所示。

图 6.21

中国工商银行 进 账 单（收账通知） 3

2012 年 10 月 10 日

出票人	全称	北京市华联公司	收款人	全称	北京通益有限责任公司
	账号	010000011800123333		账号	010123450000056888
	开户银行	建行北京市西直门分理处		开户银行	工行北京市朝阳分理处

金额	人民币（大写） 伍万元整	亿	千	百	十	万	千	百	十	元	角	分
					¥	5	0	0	0	0	0	0

票据种类	支票	票据张数	1
票据号码	56		

中国工商银行北京市朝阳分理处 2012.10.10 转讫

复核　　记账　　收款人开户银行签章

此联是收款人开户银行交给收款人的收账通知

7）10 月 25 日，企业将甲产品发到某公司，并开具增值税专用发票，该公司验收合格后付清了剩余货款。其相关原始凭证如图 6.22、图 6.23 所示。

图 6.22

北京增值税专用发票

发 票 联

开票日期：2012 年 10 月 25 日

购货单位	名　　称：北京市华联公司 纳税人识别号：010400528903655 地 址 、电 话：北京市东单 45 号　010－88855566 开户行及账号：建行北京市西直门分理处 010000011800123333	密码区：（略）

货物或应税劳务名称	规格型号	单位	数量	单价	金额	税率	税额
甲产品		箱	50	1000.00	50000.00	17%	8500.00
合　计					¥50000.00		¥8500.00
价税合计（大写）	⊗伍万捌仟伍佰元整					（小写）	¥58500.00

销货单位	名　　称：北京通益有限责任公司 纳税人识别号：010543213337789 地 址 、电 话：北京市王府井大街 119 号　010－12345678 开户行及账号：工行北京市朝阳分理处 010123450000056888	备注：北京通益有限责任公司 010543213337789 发票专用章

收款人：　　复核：　　开票人：　　销货单位（章）

第二联 发票联 购货方记账凭证

图6.23　　中国工商银行 进 账 单（收账通知）　3

2012年10月25日

出票人	全　称	北京市华联公司	收款人	全　称	北京通益有限责任公司
	账　号	0100000118001233333		账　号	0101234500000568888
	开户银行	建行北京市西直门分理处		开户银行	工行北京市朝阳分理处

金额	亿	千	百	十	万	千	百	十	元	角	分
人民币（大写）捌仟伍佰元整					¥	8	5	0	0	0	0

票据种类	支票	票据张数	1
票据号码	111		
复核　　记账		中国工商银行北京市朝阳分理处 2012.10.25 转 模拟 讫	收款人开户银行签章

此联是收款人开户银行交给收款人的收账通知

课后思考　企业采取预收货款的方式销售产品，其具体的纳税义务发生时间是什么时候？在编制资产负债表时，“预收账款”科目按什么金额填列？如何填列？它与“预付账款”科目有什么区别？如果企业不设“预收账款”科目，对于以预收货款方式销售的产品该如何核算？

模块 7 所有者权益核算实训

模块认知

所有者权益的来源包括所有者投入的资本、直接计入所有者权益的利得或损失、留存收益等，包括实收资本（在股份有限公司称为股本）、资本公积、盈余公积和未分配利润。一般而言，实收资本和资本公积是由所有者直接投入的，如所有者的投入资本、资本溢价等；而盈余公积和未分配利润则是由企业在生产经营过程中所实现的利润留存在企业所形成的，因此盈余公积和未分配利润又被称为留存收益。

本模块实训的目的是让学生在理论学习的基础上，进一步认识所有者权益的来源，包括所有者投入的资本、直接计入所有者权益的利得或损失、留存收益及所涉及的原始凭证；掌握实收资本的核算、资本公积的来源及核算、留存收益的核算，以及正确根据原始凭证编制记账凭证。

“我是会计小孙，我负责核算企业有关所有者权益增减变动的业务，所有者权益的来源包括所有者投入的资本、直接计入所有者权益的利得或损失、留存收益等。所有者权益的内容对于企业来说，不是经常性业务，但它是资产的重要来源。看来我核算的内容也不容忽视。”

课前热身

1. 本次课在多媒体会计实验室上，需要计算机、投影仪和会计凭证。
2. 到企业了解所有者权益是怎样构成的，所有者权益与债权人权益有什么区别。

实训要求

1. 审核原始凭证，并根据审核无误的原始凭证填制记账凭证。
2. 准确区别直接计入所有者权益的利得和损失与所有者投入的资本。
3. 掌握盈余公积和未分配利润的计算。

实训　所有者权益核算演练

业务资料

通益公司近年来发生如下业务。

1) 2005 年 6 月 5 日，企业家华裔投入货币资金及无形资产，占企业注册资本的 1/3。其相关原始凭证如图 7.1、图 7.2、图 7.3 所示。

图 7.1

收款凭证

附件 1 张　　2005 年 06 月 05 日

兹由（交款人）华裔

交　　来 投资款

人民币（大写）贰佰万元整　　¥ 2000000.00

会计主管人员（签章）

缴款人（或单位）（签章）　　出纳人收讫（签章）

印 华裔　　现金付讫

第二联　此联收入机关留　凭此作记账凭证

图 7.2

接受投资收据

2005 年 06 月 05 日

投资单位	华裔	投资日期	2005 年 06 月 05 日	
投资项目	价值	税金	投资期限	备注
土地使用权	1000000		20	
投资金额	人民币（大写）壹佰万元整		¥ 1000000.00	

接受单位：（签章）　　制单：

财务专用章

图7.3　　中国工商银行 **进账单**（收账通知）　　3

2005年06月05日

出票人	全　称	华裔	收款人	全　称	北京通益有限责任公司
	账　号	000556567688		账　号	010123450000056888
	开户银行	工行北京市朝阳分理处		开户银行	工行北京市朝阳分理处
金额	人民币（大写）	贰佰万元整		亿千百十万千百十元角分	¥200000000
票据种类	支票	票据张数	1		
票据号码	112				
复核　记账				收款人开户银行签章	

（印章：中国工商银行北京市朝阳分理处 2005.06.05 转讫 模拟）

此联是收款人开户银行交给收款人的收账通知

相关链接

接受无形资产投资

对于投资者以无形资产方式出资时，企业吸收各投资者以无形资产方式出资的总额不得超过注册资本总额的20%；如遇到特殊情况，需要超过20%时，企业必须报经国家工商行政管理部门审查核准，但以无形资产方式投资的总额占企业注册资本总额的比例最高不得超过30%。

2）2005年6月8日，企业家赵新以一台设备投资，占企业注册资本的1/3。其相关原始凭证如图7.4所示。

图7.4　　固定资产投资入账单

开票日期：2005年06月08日

投资单位	名　称	赵新		企业代码	
	地址、电话	北京市海淀区花园北路22号　010-86325115		开户银行及账号	建行北京市支行
投资名称	计量单位	数量	单价	金额	投资方式
设备	台	1	3000000	百十万千百十元角分	固定资产投资
价税合计（大写）	叁佰万元整			300000000	
接受单位	名　称	北京通益责任有限公司		企业代码	118
	地址、电话	北京市王府井大街119号 010-12345678		开户银行及账号	工行北京市朝阳分理处

（印章：北京通益有限责任公司 财务专用章）

3）2005年6月13日天津达利有限责任公司向通益公司投入原材料一批，占企业注册资本的1/3。其相关原始凭证如图7.5、图7.6、图7.7所示。

图7.5

接受投资收据

2005年06月13日

投资单位	天津达利有限责任公司	投资日期	2005年06月13日	
投资项目	价值	税金	投资期限	备注
钢材	2575000	437750	5	
投资金额	人民币（大写）叁佰零壹万贰仟柒佰伍拾元整　¥ 3012750.00			

接受单位：（签章）北京通益有限责任公司 财务专用章　　制单：

图7.6

收　料　单

供应单位：达利公司
材料科目：原材料　　发票号码：00123
材料类别：原料　　2005年06月13日　　收料仓库：一仓库

材料名称	规格	计量单位	数量		实际成本					
			应收	实收	买价		运杂费	其他	合计	单位成本
					单价	金额				
A材料		千克	25750	25750	100	2575000			2575000	100
合　计										

记账：　　收料：　　制单：

图7.7

北京增值税专用发票

全国统一发票监制章 国家税务总局监制

发　票　联　　开票日期：2005年06月13日

购货单位	名　称：北京通益有限责任公司 纳税人识别号：010543213337789 地址、电话：北京市王府井大街119号　010-12345678 开户行及账号：工行北京市朝阳分理处010123450000056888					密码区	（略）
货物或应税劳务名称	规格型号	单位	数量	单价	金额	税率	税额
A材料		千克	25750	100.00	2575000.00	17%	437750.00
合　计					¥2575000.00		¥437750.00
价税合计（大写）	⊗叁佰零壹万贰仟柒佰伍拾元整　（小写）¥3012750.00						
销货单位	名　称：天津达利有限责任公司 纳税人识别号：2345166778123456 地址、电话：天津市万和路10号　022-8651234 开户行及账号：中行天津市支行001125645899					备注	天津达利有限责任公司 2345166778123456 发票专用章

第二联　发票联　购货方记账凭证

收款人：　　复核：　　开票人：　　销货单位（章）

温馨提示

企业接受材料投入视同购进，根据对方提供的增值税发票计算的进项税额在当期计算应纳增值税时予以抵扣。

4）2006年6月10日，股东会决议增加资本。其相关原始凭证如图7.8所示。

5）2008年12月25日，因经营环境发生重大变化，股东会决议减资。其相关原始凭证如图7.9所示。

6）2009年12月25日，由于经营前景看好，又接受投资者刘万成投资。其相关原始凭证如图7.10、图7.11所示。

图7.8

增　资　决　议

经股东会表决通过，决定用资本公积金400 000元和盈余公积金500 000元转增资本（办妥相关变更注册手续）。

北京通益有限责任公司股东会

2006年06月10日

财务专用章

图7.9

减　资　决　议

经股东会表决通过，决定减少其注册资本900 000元。在报经批准并履行必要的公告义务后，以银行存款支付减资款。（办妥相关变更注册手续）

北京通益有限责任公司股东会

2008年12月25日

财务专用章

小思考：我记得企业收到投资者投入的资金，超过其在注册资本中所占份额的部分，应作为资本溢价。这应该在什么科目核算呢？

图 7.10　　收款凭证

附件 1 张　　2009 年 12 月 25 日

兹由（交款人）刘万成		第二联 凭证以作记账凭证 此联收入机关留
交　　来 投资款		
人民币（大写）肆佰万元整	¥ 4000000.00	
	会计主管人员（签章）	
缴款人（或单位）刘万成印（签章）	出纳人收讫（签章）现金付讫	

图 7.11　　中国工商银行进 账 单（收账通知）　　3

委托日期 2009 年 12 月 25 日

出票人	全　称	刘万成	收款人	全　称	北京通益有限责任公司
	账　号	0102541116987412333		账　号	010123450000056888
	开户银行	工行北京市东城分理处		开户银行	工行北京市朝阳分理处
金额	人民币（大写）	肆佰万元整		亿 千 百 十 万 千 百 十 元 角 分	¥ 4 0 0 0 0 0 0 0 0
票据种类	支票	票据张数 1			
票据号码	230				
复核　　记账			中国工商银行北京市朝阳分理处 2009.12.25 转讫	收款人开户银行签章	

此联是收款人开户银行交给收款人的收账通知

7）2011 年 12 月 31 日，通益公司本年度实现净利润为 4 000 000 元（没有以前年度未弥补的亏损），根据法律规定进行利润分配。其相关原始凭证如图 7.12、图 7.13、图 7.14 所示。

图 7.12　　盈余公积计提表　　单位：元

项　目	税后利润	提取比例	提取金额
法定盈余公积金	4 000 000	10%	400 000
任意盈余公积金	4 000 000	5%	200 000
合　计			600 000

图 7. 13

分 红 决 议

经董事会决议，本年按全年税后利润的 30% 向投资者分配红利。

北京通益有限责任公司
2011 年 12 月 31 日

图 7. 14

股利分配计算表

2011 年 12 月 31 日　　　　单位:元

项　目	税后利润	分配比例	分配金额
应付股利	4000000	30%	1200000
合　计			1200000

8）承接业务 7）结转本年度实现净利润 4 000 000 元，结转 2011 年年度“利润分配”各明细账户余额。

9）2012 年年度，经股东会批准，增加资本。其相关原始凭证如图 7. 15 所示。

图 7. 15

增 资 决 议

经股东会表决通过，决定用盈余公积金 1 000 000 元转增资本。（办妥相关变更注册手续）

北京通益有限责任公司股东会
2012 年 12 月 31 日

小思考：企业资本金增加的途径有哪些？

10）企业为维护其形象，经股东会批准，决定于 2013 年年度，再次动用任意盈余公积向投资者分配利润。其相关原始凭证如图 7. 16 所示。

图 7.16

分红决议

经股东会表决通过，决定用任意盈余公积金 200 000 元向投资者分配利润。

北京通益有限责任公司股东会
2012 年 12 月 31 日

相关链接

会计主管孙言审阅通益公司 2012 年 11 月份“盈余公积”总账下“一般盈余公积”明细账时，发现贷方一处记录摘要内容为“收到股利收入”，金额为 100 000 元，调阅了该笔记账凭证，记账凭证显示的会计分录为：

借：银行存款　　100 000

　　贷：盈余公积　　100 000

所附原始凭证为银行通知单，显示对方付款理由为“年底分派股息”。再查阅该公司“对外投资”账户，确有对外长期股权投资。据此，孙言认为通益公司把本应作为投资收益的股利收入错记入了“盈余公积”账。后查明，该公司为了少纳所得税，故意隐瞒收入。

课后延伸

在新会计准则体系下，资本公积的核算内容发生了较大的变化，主要表现在以下几个方面。

一、原本在“资本公积”核算的非经常性损益的内容改为在“营业外收入”核算。

1. 捐赠会计处理的变化：捐赠收益应在“营业外收入”核算。

2. 债务重组收益会计处理的变化：债务重组收益应当作为利得，在“营业外收入”核算。

3. 政府专项拨款会计处理的变化：政府补助准则第七条规定：“与资产相关的政府补助，应当确认为递延收益，并在相关资产使用寿命内平均分配，计入当期损益。但是，按照名义金额计量的政府补助，直接计入当期损益。”

4. 显失公允的关联交易差价核算的变化：关联交易差价收益应记入“营业外收入”。

5. 无法支付的应付款项核算的变化：无法支付的应付款项按规定程序批准后应作为当期利得，在“营业外收入”核算。

二、外币资本折算差额不再存在。

三、资本公积中的准备性项目的内容有所增加。

四、以权益结算的股份支付换取职工或其他方服务的，在未行权之前，暂时在“资本公积”中核算。

模块 8 收入、费用、成本、税金、利润核算实训

模块认知

本模块主要核算收入、费用、成本、税金及利润实现及分配的内容。其中，收入是指企业在日常活动中形成的、会导致所有者权益增加的、与所有者投入资本无关的经济利益的总流入；费用是指企业为销售商品、提供劳务等日常活动所发生的经济利益的流出；税金是与企业经营业务有关的销售税金及附加；利润是指企业在一定会计期间的经营成果，对于企业实现的税后利润要按法规规定进行分配。

本模块旨在进行财务成果核算岗位的综合训练，要求学生在理论学习和已有的实训知识的基础上，进一步掌握销售过程的核算程序和所涉及的原始凭证，掌握生产成本的核算程序和所涉及的原始凭证，掌握有关税金的计提和交纳的具体核算方法，掌握年终利润结转和分配的核算程序和所涉及的原始凭证。同时，进一步明确有关自制原始凭证的填制和应用。本模块实训的主要目的是，培养提高学生的综合知识，提高学生处理综合问题的能力，为学生将来能胜任主管会计的工作岗位打下一个良好的基础。

“我是主管会计小高，我主要负责收入、费用、税金及利润和利润分配的核算，我的责任很大，不仅要正确计算企业会计利润，还要维护国家、集体和个人之间的利益。请跟我一起走进我的角色练一练吧!”

课前热身

1. 实训前要为学生准备好有关的原始凭证、记账凭证。

2. 实训前要求学生复习有关销售、费用、成本、税金和利润的核算，进一步明确在不同销售方式和不同结算方式下销售收入的入账时间和入账价值；进一步明确产品销售成本的计算方法和核算程序，进一步明确年终利润结转和分配的核算方法，为实训奠定理论基础。

实训要求

1. 要求学生认真审核原始凭证，根据审核无误的原始凭证编制记账凭证。

2. 要求学生准确进行销售收入及销售成本的核算。
3. 会正确计算销售税金，对发生的相关费用能准确区分。
4. 能够及时、准确地计算利润并进行分配。

实训 8.1　产品销售核算演练

通益公司 2012 年 12 月份发生下列经济业务。

1）销售产品，收到货款。其相关原始凭证如图 8.1、图 8.2 所示。

图 8.1

北京增值税专用发票

记　账　联

开票日期：2012 年 12 月 02 日

购货单位	名　　称：北京市化丰公司 纳税人识别号：010400548905421 地 址 、电 话：北京市东大街 18 号　010－62123456 开户行及账号：工行北京市新丰支行 118001				密码区	（略）	
货物或应税劳务名称	规格型号	单位	数量	单价	金额	税率	税额
甲产品		箱	40	1000.00	40000.00	17%	6800.00
合　　计					￥40000.00		￥6800.00
价税合计（大写）	⊗肆万陆仟捌佰元整					（小写）￥46800.00	
销货单位	名　　称：北京通益有限责任公司 纳税人识别号：010543213337789 地 址 、电 话：北京市王府井大街 119 号　010－12345678 开户行及账号：工行北京市朝阳分理处 010123450000056888				备注	北京通益有限责任公司 010543213337789 发票专用章	

收款人：李红　　复核：　　开票人：李群　　销货单位（章）

第三联 记账联 销货方记账凭证

图 8.2

中国工商银行 进 账 单（收账通知）　　3

2012 年 12 月 02 日

出票人	全　　称	北京市化丰公司	收款人	全　　称	北京通益有限责任公司
	账　　号	118001		账　　号	010123450000056888
	开户银行	工行北京市新丰支行		开户银行	工行北京市朝阳分理处
金额	人民币（大写）	肆万陆仟捌佰元整		亿 千 百 十 万 千 百 十 元 角 分	￥ 4 6 8 0 0 0 0
票据种类	支票	票据张数　1			
票据号码	113				
复核	记账		中国工商银行北京市朝阳分理处 2012.12.02 转 模拟 讫		收款人开户银行签章

此联是收款人开户银行交给收款人的收账通知

2）销售产品，办妥托收手续。其相关原始凭证如图 8.3、图 8.4、图 8.5 所示。

图 8.3

北京增值税专用发票

记 账 联

北京 国家税务总局监制

开票日期：2012 年 12 月 05 日

购货单位	名　　称：上海市银华公司 纳税人识别号：220400528910009 地 址 、电 话：上海市人民大街 158 号　021-87654321 开户行及账号：工行上海市立信支行 020000008699991					密码区	（略）
货物或应税劳务名称	规格型号	单位	数量	单价	金额	税率	税额
甲产品		箱	60	1000.00	60000.00	17%	10200.00
乙产品		件	100	500.00	50000.00		8500.00
合　计					¥110000.00		¥18700.00
价税合计（大写）	⊗壹拾贰万捌仟柒佰元整				（小写）¥128700.00		
销货单位	名　　称：北京通益有限责任公司 纳税人识别号：010543213337789 地 址 、电 话：北京市王府井大街 119 号　010－12345678 开户行及账号：工行北京市朝阳分理处 010123450000056888					备注	北京通益有限责任公司 010543213337789 发票专用章

收款人：李红　　复核：　　开票人：李群　　销货单位（章）

第三联　记账联　销货方记账凭证

图 8.4

中国工商银行
转账支票存根
00000001

附加信息

签发日期：2012 年 12 月 05 日

收款人：	北京铁路运输处
金　额：	¥1800
用　途：	运费

单位主管　　会计

图 8.5

托收凭证（回单联） 1

2012 年 12 月 05 日

业务类型	委托收款（□邮划、□电划）			托收承付（□邮划、☑电划）		
汇款人 全称	上海市银华公司			收款人 全称	北京通益有限责任公司	
账号	020000008699991			账号	010123450000056888	
地址	省上海市	开户行	工行上海市立信支行	地址	省北京市	开户行 工行北京市朝阳分理处
金额 人民币（大写）	壹拾叁万零伍佰元整			亿千百十万千百十元角分	¥ 1 3 0 5 0 0 0 0	
款项内容	销货款	托收凭据名称	增值税专用发票等	附寄单证张数	3	
商品发运情况				合同名称		
备注： 复核 记账	款项收妥日期 年 月 日			收款人开户银行签章 2012 年 12 月 05 日		

（印章：中国工商银行北京市朝阳分理处 2012.12.05 转 模拟 讫）

此联是收款人开户银行给收款人的回单

3）收回货款。其相关原始凭证如图 8.6 所示。

图 8.6

托收凭证（收账通知） 4

2012 年 12 月 05 日 付款期限 2012 年 12 月 06 日

业务类型	委托收款（□邮划、□电划）			托收承付（□邮划、☑电划）		
汇款人 全称	上海市银华公司			收款人 全称	北京通益有限责任公司	
账号	020000008699991			账号	010123450000056888	
地址	上海市	开户行	工行上海市立信支行	地址	北京市	开户行 工行北京市朝阳分理处
金额 人民币（大写）	壹拾叁万零伍佰元整			亿千百十万千百十元角分	¥ 1 3 0 5 0 0 0 0	
款项内容	销货款	托收凭据名称	增值税专用发票等	附寄单证张数	3	
商品发运情况				合同名称		
备注： 复核 记账	上列款项已划回收入你方账户内 收款人开户银行签章 2012 年 12 月 06 日					

（印章：中国工商银行北京市朝阳分理处 2012.12.06 转 模拟 讫）

此联是收款人开户银行给收款人的回单

4）预收销货款。其相关原始凭证如图 8.7、图 8.8 所示。

图 8.7

收　据

2012 年 12 月 08 日

兹由（交款人）天津昌和公司

交　　来　预付购货款

人民币（大写）陆万元整　　　　¥ 60000.00

会计主管人员（签章）高丰

缴款人（或单位）（签章）　［天津昌和公司 财务专用章］

出纳人收讫（签章）李红　［现金收讫］

第二联　此联收入机关留　凭以作记账凭证

小思考：预收货款销售收入的入账时间是怎样规定的？

图 8.8

中国工商银行 进 账 单（收账通知）　　3

2012 年 12 月 08 日

出票人	全　称	天津昌和公司		收款人	全　称	北京通益有限责任公司										
	账　号	030000011800122222			账　号	010123450000056888										
	开户银行	工行天津市西城分理处			开户银行	工行北京市朝阳分理处										
金额	人民币（大写）	陆万元整				亿	千	百	十	万	千	百	十	元	角	分
									¥	6	0	0	0	0	0	0
票据种类		支票	票据张数	1												
票据号码		145														
复核　　记账				收款人开户银行签章［中国工商银行北京市朝阳分理处 2012.12.08 转讫 模拟］												

此联是收款人开户银行交给收款人的收账通知

5）销售产品，预收货款结算。其相关原始凭证如图 8.9、图 8.10 所示。

图 8.9

北京增值税专用发票

记　账　联

开票日期：2012 年 12 月 15 日

购货单位	名　　称：天津昌和公司 纳税人识别号：147800528905323 地址、电话：天津市大双路 66 号　022－60662621 开户行及账号：工行天津市西城分理处 030000011800122222	密码区	（略）

货物或应税劳务名称	规格型号	单位	数量	单价	金额	税率	税额
甲产品		箱	50	1000.00	50000.00	17%	8500.00
乙产品		件	200	500.00	10000.00		1700.00
合　计					¥60000.00		¥10200.00
价税合计（大写）	⊗柒万零贰佰元整					（小写）	¥70200.00

销货单位	名　　称：北京通益有限责任公司 纳税人识别号：010543213337789 地址、电话：北京市王府井大街 119 号　010－12345678 开户行及账号：工行北京市朝阳分理处 010123450000056888	备注	北京通益有限责任公司 010543213337789 发票专用章

收款人：李红　　复核：　　开票人：李群　　销货单位（章）

第三联　记账联　销货方记账凭证

图 8.10

中国工商银行 进 账 单（收账通知）　　3

2012 年 12 月 15 日

出票人	全　称	天津昌和公司	收款人	全　称	北京通益有限责任公司
	账　号	030000011800122222		账　号	010123450000056888
	开户银行	工行天津市西城分理处		开户银行	工行北京市朝阳分理处

金额	人民币（大写） 柒万零贰佰元整	亿	千	百	十	万	千	百	十	元	角	分
					¥	7	0	2	0	0	0	0

票据种类	支票	票据张数	1
票据号码	156		

复核　　记账

中国工商银行北京市朝阳分理处 2012.12.08 转 模拟 讫

收款人开户银行签章

此联是收款人开户银行交给收款人的收账通知

6）赊销商品，付款条件为2/10；1/20；N/30。其相关原始凭证如图 8.11 所示。

图 8.11

全国统一发票监制章 国家税务总局监制

北京增值税专用发票

记 账 联

开票日期：2012 年 12 月 18 日

购货单位	名 称：北京市华联公司 纳税人识别号：010400528903655 地 址 、电 话：北京市东单 45 号 010－88855566 开户行及账号：建行北京市西直门分理处 010000011800123333					密码区	（略）
货物或应税劳务名称	规格型号	单位	数量	单价	金额	税率	税额
甲产品		箱	300	1000.00	300000.00	17%	51000.00
乙产品		件	400	500.00	200000.00		34000.00
合 计					￥500000.00		￥85000.00
价税合计（大写）	⊗伍拾捌万伍仟元整					（小写）	￥585000.00
销货单位	名 称：北京通益有限责任公司 纳税人识别号：010543213337789 地 址 、电 话：北京市王府井大街 119 号 010－12345678 开户行及账号：工行北京市朝阳分理处 010123450000056888					备注	北京通益有限责任公司 010543213337789 发票专用章

收款人：李红　　复核：　　开票人：李群　　销货单位（章）

第三联 记账联 销货方记账凭证

7）华联公司 10 日内付款。其相关原始凭证如图 8.12 所示。

图 8.12

中国工商银行 **进 账 单**（收账通知）　　3

2012 年 12 月 25 日

出票人	全 称	北京市华联公司	收款人	全 称	北京通益有限责任公司
	账 号	010000011800123333		账 号	10123450000056888
	开户银行	建行北京市西直门分理处		开户银行	工行北京市朝阳分理处
金额	人民币（大写）	伍拾柒万伍仟元整			亿 千 百 十 万 千 百 十 元 角 分 ￥ 5 7 5 0 0 0 0 0
票据种类	支票	票据张数	1		中国工商银行北京市朝阳分理处 2012.12.25 转 讫
票据号码	172				
复核	记账				收款人开户银行签章

此联是收款人开户银行交给收款人的收账通知

8）支付广告费。其相关原始凭证如图 8.13、图 8.14 所示。

图 8. 13

北京市经营性结算统一收据

交款单位：北京通益有限责任公司　　　　2012 年 12 月 20 日

摘　　要	金　　额									
	千	百	十	万	千	百	十	元	角	分
广告费				¥	2	3	0	0	0	0
合计人民币（大写）贰仟叁佰元整										
备注　收款单位：北京一新广告公司										

北京一新广告公司 财务专用章

图 8. 14

中国工商银行
转账支票存根
00000001

附加信息

签发日期：2012 年 12 月 20 日

收款人：	北京一新广告公司
金　额：	¥2300. 00
用　途：	广告费

单位主管　　　　会计

9）销售商品收到商业承兑汇票。其相关原始凭证如图 8. 15、图 8. 16 所示。

图 8. 15

北京增值税专用发票

记　账　联

全国统一发票监制章 北京 国家税务总局监制

开票日期：2012 年 12 月 25 日

购货单位	名　　称：北京市华联公司 纳税人识别号：010400528903655 地 址 、电 话：北京市东单 45 号　010－88855566 开户行及账号：建行北京市西直门分理处 010000011800123333				密码区	（略）	
货物或应税劳务名称	规格型号	单位	数量	单价	金额	税率	税额
甲产品		箱	300	1000. 00	300000. 00	17%	51000. 00
乙产品		件	400	500. 00	200000. 00		34000. 00
合　　计					¥500000. 00		¥85000. 00
价税合计（大写）	⊗伍拾捌万伍仟元整				（小写）¥585000. 00		
销货单位	名　　称：北京通益有限责任公司 纳税人识别号：010543213337789 地 址 、电 话：北京市王府井大街 119 号　010－12345678 开户行及账号：工行北京市朝阳分理处 010123450000056888				备注	北京通益有限责任公司 010543213337789 发票专用章	

第三联　记账联　销货方记账凭证

收款人：李红　　　　复核：　　　　开票人：李群　　　　销货单位（章）

图 8. 16　　　　**商业承兑汇票**（汇票）　　　　3

出票日期（大写）　贰零壹贰年壹拾贰月贰拾伍日

汇票号码 2546805

付款人	全　称	北京市华联公司	收款人	全　称	北京通益有限责任公司
	账　号	010000011800123333		账　号	10123450000056888
	开户银行	建行北京市西直门分理处		开户银行	工行北京市朝阳分理处
出票金额		人民币（大写）伍拾捌万伍仟元整		亿千百十万千百十元角分	¥58500000
汇票到期日（大写）		贰零壹叁年零叁月贰拾伍日	付款人开户行	行　号	
交易合同号码				地　址	
北京市华联公司 财务专用章 出票人签章			备注：		

10）月末结转销售成本。其相关原始凭证如图 8. 17 所示。

图 8. 17　　　　**商品销售成本计算单**

2012 年 12 月 31 日　　　　单位：元

商品名称	销售数量	单位成本	总成本
甲产品	750 箱	700	525 000
乙产品	1 100 件	400	440 000
合　计			965 000

主管：　　　　记账：　　　　制单：

知识链接

某企业有如下一张记账凭证，摘要为“预收某单位货款”。

借：银行存款

　　贷：预收账款

该企业将商品销售后又做如下处理。

借：预收账款

　　贷：库存商品

请你审计一下，这样做的目的何在？应如何进行更正？

实训 8.2　收入及税金核算演练

1）销售不需用的材料一批。其相关原始凭证如图 8.18、图 8.19、图 8.20 所示。

图 8.18

北京增值税专用发票

（全国统一发票监制章 国家税务总局监制）

记　账　联

开票日期：2012 年 12 月 04 日

购货单位	名　　称：大连市红发公司 纳税人识别号：080400528904242 地 址 、电 话：北京市虹口区 24 号　0411-84342121 开户行及账号：中行 080000008699988				密码区	（略）	
货物或应税劳务名称	规格型号	单位	数量	单价	金额	税率	税额
A 材料		千克	500	110	55000.00	17%	3950.00
B 材料		千克	400	70	28000.00	17%	4760.00
合　计					¥83000.00		¥14110.00
价税合计（大写）	⊗玖万柒仟壹佰壹拾元整				（小写）¥97110.00		
销货单位	名　　称：北京通益有限责任公司 纳税人识别号：010543213337789 地 址 、电 话：北京市王府井大街 119 号　010－12345678 开户行及账号：工行北京市朝阳分理处 010123450000056888				备注	（北京通益有限责任公司 010543213337789 发票专用章）	

收款人：李红　　　复核：　　　开票人：李群　　　销货单位（章）

第三联　记账联　销货方记账凭证

图 8.19

中国工商银行
转账支票存根
00000006

附加信息

签发日期：2012 年 12 月 04 日

收款人：	北京铁路运输处
金　额：	¥2000.00
用　途：	运费

单位主管　　　会计

销售不需用的材料的收入应属于企业的其他业务收入。

图 8. 20

托收凭证（回单联）　　1

2012 年 12 月 04 日

业务类型	委托收款（☐ 邮划、☐ 电划）				托收承付（☐ 邮划、☑电划）			
汇款人	全　称	大连市红发公司			收款人	全　称	北京通益有限责任公司	
	账　号	080000008699988				账　号	010123450000056888	
	地　址	省 大连市	开户行	中行大连市支行		地　址	省 北京市	开户行 工行北京市朝阳分理处
金额	人民币（大写）	玖万玖仟壹佰壹拾元整					亿千百十万千百十元角分	¥ 9 9 1 1 0 0 0
款项内容	销货款		托收凭据名　称	增值税专用发票等			附寄单证张数	3
商品发运情况	已发运				合同名称号码			
备注： 复核　记账		款项收妥日期 收款人开户银行签章 年　月　日			收款人开户银行签章 2012 年 12 月 04 日			

中国工商银行北京市朝阳分理处 2012.12.04 转讫

此联是收款人开户银行给收款人的回单

2）交纳上月应交增值税。其相关原始凭证如图 8. 21 所示。

图 8. 21

中华人民共和国

税收通用缴款书

国家税务总局 税收票据监制章

(国)

隶属关系：

注册类型：　　填制时间：2012 年 12 月 06 日　　征收机关：市国税局

缴款单位（人）	代　码	010543213337789	预算科目	编　码	增值税
	全　称	北京通益有限责任公司		名　称	城市一般
	开户银行	工行北京市朝阳分理处		级　次	中央 75%地方 25%
	账　号	010123450000056888		收款国库	市金库
税款所属时期：2012 年 11 月 01 日—2012 年 11 月 31 日			限缴日期 2012 年 12 月 10 日		

品目名称	课税数量	计税金额或销售收入	税率	已缴或扣除额	实缴金额
增值税		463529. 00	17%	54600. 00	24200. 00
逾期　每天按税款　加收滞纳金					
金额合计（大写）：人民币贰万肆仟贰佰元整					
缴款单位（人）（盖章）经办人（章）	税务机关（盖章）填票人（章）	上列款项已收妥划转收款单位账户 国库（银行）盖章　2012 年 12 月 06 日		备注：	

北京通益有限责任公司 财务专用章

北京市东城区国家税务局 征税专用章

中国工商银行北京市朝阳分理处 2012.12.06 模拟 讫

第一联 缴款单位（人）作完税凭证

小思考：咦！为什么本月实缴增值税额为 24200 元？

3）交纳上月应交房产税。其相关原始凭证如图 8.22 所示。

图 8.22

电子缴库专用缴款书

2012 年 12 月 10 日

□ 已申报　　申报序号：　　（2012）京地电库：№1222523

纳税人计算机代码		征收机关代码	
纳税人名称	北京通益有限责任公司	征收机关名称	
付款人名称	北京通益有限责任公司		
付款人开户银行名称	工行北京市朝阳分理处	收款国库名称	
付款人账户	010123450000056888	国库清算行	
纳税项目代码	课税数量	计税金额	实缴税额
房产税			5380.20
金额合计（大写）：伍仟叁佰捌拾元零贰角整			￥5380.20
（北京通益有限责任公司 财务专用章）	税务机关（盖章）（北京市第二地方税务局 税收专用章）	银行 记账员 盖章（中国工商银行北京市朝阳分理处 2012.12.10 转讫）	备注：

4）收回材料款。其相关原始凭证如图 8.23 所示。

图 8.23

托收凭证（收账通知）　　4

委托时间 2012 年 12 月 04 日　　付款期限 2012 年 12 月 14 日

业务类型	委托收款（□邮划、□电划）			托收承付（□邮划、☑电划）			
付款人	全称	大连市红发公司		收款人	全称	北京通益有限责任公司	
	账号	080000008699988			账号	010123450000056888	
	地址	省 大连市	开户行：中行大连市支行		地址	省 北京市	开户行：工行北京市朝阳分理处
金额	人民币（大写）	玖万玖仟壹佰壹拾元整			亿千百十万千百十元角分	￥9911000	
款项内容	销货款	托收凭据名称	增值税专用发票等		附寄单证张数	3	
商品发运情况	已发			合同名称			
备注： 复核　　记账	上列款项已划回收入你方账户内 收款人开户银行签章 2012 年 12 月 14 日（中国工商银行北京市朝阳分理处 转讫）						

此联是收款人开户银行给收款人的回单

注意：出租收入应属于企业的其他业务收入。

5）出租固定资产，收到租金。其相关原始凭证如图8.24、图8.25所示。

图8.24

固定资产租赁合同

2012年12月15日

<table>
<tr><td>出租单位名称</td><td>北京通益有限责任公司</td><td colspan="2">租入单位名称</td><td colspan="2">北京市铭丰公司</td></tr>
<tr><td>固定资产名称</td><td>产成品仓库</td><td colspan="2">原始价值</td><td colspan="2">116500</td></tr>
<tr><td>租　金</td><td>每月8400元</td><td>租赁期限</td><td>两年</td><td>备　注</td><td></td></tr>
</table>

设备科长：李军　　财务科长：高丰　　经手人：王凤华

图8.25

中国工商银行 收 账 单（收账通知）　　3

2012年12月15日

<table>
<tr><td rowspan="3">出票人</td><td>全　称</td><td colspan="3">北京市铭丰公司</td><td rowspan="3">收款人</td><td>全　称</td><td colspan="11">北京通益有限责任公司</td></tr>
<tr><td>账　号</td><td colspan="3">010000011800124444</td><td>账　号</td><td colspan="11">10123450000056888</td></tr>
<tr><td>开户银行</td><td colspan="3">工行北京市西单分理处</td><td>开户银行</td><td colspan="11">工行北京市朝阳分理处</td></tr>
<tr><td rowspan="2">金额</td><td rowspan="2" colspan="6">人民币（大写）捌仟肆佰元整</td><td>亿</td><td>千</td><td>百</td><td>十</td><td>万</td><td>千</td><td>百</td><td>十</td><td>元</td><td>角</td><td>分</td></tr>
<tr><td></td><td></td><td></td><td></td><td>¥</td><td>8</td><td>4</td><td>0</td><td>0</td><td>0</td><td>0</td></tr>
<tr><td colspan="2">票据种类</td><td>支票</td><td>票据张数</td><td>1</td><td rowspan="3" colspan="13">中国工商银行北京市
朝阳分理处
2012.12.15
转
讫

收款人开户银行签章</td></tr>
<tr><td colspan="2">票据号码</td><td colspan="3">245</td></tr>
<tr><td colspan="5">复核　　记账</td></tr>
</table>

此联是收款人开户银行交给收款人的收账通知

6）支付罚金。其相关原始凭证如图8.26、图8.27所示。

图8.26

中国工商银行
转账支票存根
00000020

附加信息

签发日期：2012年12月18日

收款人：	北京市环保局
金　额：	¥2000.00
用　途：	罚款

单位主管　　会计

图 8. 27

罚 款 通 知 单

北京通益有限责任公司：

你单位因污水处理不当，造成环境污染，被罚款 2 000 元，限期五日内支付。

北京市环保局
2012 年 12 月 16 日

7）收到投资股利。其相关原始凭证如图 8. 28、图 8. 29 所示。

图 8. 28

分 红 通 知

经股东会决定本年按全年可供分配利润的 50% 向投资者分配现金股利。北京通益有限责任公司分得贰拾万元。

上海市三友股份有限公司
2012 年 12 月 15 日

图 8. 29

中国工商银行信汇凭证（回单）　　4

委托日期 *2012* 年 *12* 月 *30* 日

汇款人	全　称	上海市三友股份有限公司	收款人	全　称	北京通益有限责任公司
	账　号	000564678023000012		账　号	010123450000056888
	汇出地点	上海市		汇入地点	北京市
汇出行名称		工行上海市华信分理处	汇入行名称		工行北京市朝阳分理处
金额	人民币（大写）	贰拾万元整		亿千百十万千百十元角分	¥20000000
款项已收入收款人账户 汇出行盖章			支付密码		
			附加信息及用途：*2012* 年股利 复核　记账		

中国工商银行北京市朝阳分理处 2012.12.30 转讫

此联是汇出银行给汇款人的收账通知

8）结转销售材料成本。其相关原始凭证如图 8. 30、图 8. 31 所示。

图 8. 30

出　库　单

编号	101	名称	A 材料	规格		数量	500
计量单位	千克	单价	100	金额	亿千百十万千百十元角分 ¥5000000		
用途及摘要	销售						
仓库意见	同意	领料人	销售科				

图 8.31　　出　库　单

编号	102	名称	B材料	规格		数量	400
计量单位	千克	单价	60	金额	亿 千 百 十 万 千 百 十 元 角 分 ¥ 2 4 0 0 0 0 0		
用途及摘要	销售						
仓库意见	同意			领料人	销售科		

9）收到罚款。其相关原始凭证如图 8.32、图 8.33 所示。

图 8.32　　罚款通知单

财务科：

第一生产车间工人赵海因违章操作，经厂长办公会决定，对其罚款500元。

北京通益有限责任公司 财务专用章

2012年12月30日

对于企业取得的罚款收入一律记入“营业外收入”账户。直接收到款项，记入“库存现金”或“银行存款”账户，没有收到的罚款，先行记入“其他应收款”账户。

图 8.33　　收款凭证

附件 1 件　　2012年12月30日

兹由（交款人）第一车间　赵海

交　来 生产事故罚款

人民币（大写）伍佰元整　　¥ 500.00

会计主管人员（签章）高丰

缴款人（或单位）赵海印（签章）　　出纳人收讫（签章）李红　现金收讫

第二联　此联收入机关留　凭以作记账凭证

10）计提本月应交的营业税、城市维护建设税和教育费附加。其相关原始凭证如图 8.34、图 8.35 所示。

图 8.34　　营业税计算表

2012年12月30日　　单位：元

计税项目	计税金额	税率	营业税	备　注
租赁业务	8 400	5%	420.00	出租仓库收入
合　计	8 400		420.00	

制表人：刘英

小知识

该笔营业税应记入什么账户？城市维护设税和教育费附加的计提依据是什么？

图 8.35　　**城市维护建设税和教育费附加计提表**

2012 年 12 月 31 日　　单位：元

项　目	金　额	备　注
本月销项税额	219 810.00	
本月进项税额	147 000.00	
本月应交增值税	72 810.00	
本月应交营业税	420.00	
计税依据	73 230.00	
本月应交城市维护建设税（7%）	5 126.10	
本月应交教育费附加（3%）	2 196.90	

制表人：刘英

小故事

砂轮厂老板吃了不懂法的亏

“做生意还真得懂点税法!”近日，某省某县一砂轮厂的易老板在接受当地国税部门的稽查处理后，由衷地发出了这样一句感叹。

易老板经营的砂轮厂这几年生意一直红火。为了进一步扩大生产，易老板陆续添置了一些机器设备，并取得了增值税专用发票。易老板要求会计对这些增值税专用发票进行申报抵扣，会计解释说税法规定购进这些机器设备的进项税额不能进行抵扣，即使取得了增值税专用发票也不能抵扣。

会计的解释让易老板很不满意。他认为机器设备是用来进行生产的，应该和原材料一样，既然企业取得了增值税专用发票，哪有不能抵扣的道理？于是他硬是要会计把这些进项税进行认定申报抵扣了。

今年 1 月份，县国税局稽查局根据年初计划安排，对该厂 2011 年、2012 年的纳税情况进行了日常稽查，查出了该厂共接受上述增值税专用发票 4 张，少交增值税 21 793.88 元。根据《税收征管法》的有关规定，县国税局稽查局对该厂做出补税 21 793.88 元，并处以 0.5 倍罚款的处理决定。

易老板开始感到非常冤枉，对处理决定难以接受，但在听取检查人员耐心细致的税法讲解和政策规定后，他终于认识到了自己的错误。在接受处理之余，易老板表示今后一定要好好学习税法知识，老老实实按税收政策规定办事，以免不懂税法再付出这种不必要的代价。

实训 8.3　利润及利润分配核算演练

通益公司 2012 年 12 月末发生下列转账业务。

1）将损益类账户的发生额结转本年利润。其相关原始凭证如图 8.36 所示。

图 8.36　**损益类账户发生额**

2012 年 12 月 31 日

单位：元

收入类	金　额	支出类	金　额
主营业务收入	1 210 000	主营业务成本	965 000
其他业务收入	83 000	其他业务成本	74 000
营业外收入	500	管理费用	12 340
投资收益	200 000	销售费用	2 300
		财务费用	11 220
		营业税金及附加	7 743
		营业外支出	2 000
		资产减值损失	1 258
合　计	1 493 500	合　计	1 075 861

2）根据本月利润计算应交所得税（没有税前扣减项目），并将其结转本年利润账户。其相关原始凭证如图 8.37 所示。

图 8.37　**应交所得税计算表**

2012 年 12 月 31 日

单位：元

项　目	金　额	备　注
利润总额	417 639	
其中：税后投资收益	200 000	
调整项目		
国债利息		
应纳税所得额	217 639	
所得税税率	25%	
应交所得税	54 409.75	

小思考：什么是税前扣减项目？它包括哪些内容？

图 8.38

盈余公积计提表

2012 年 12 月 31 日 单位：元

项　目	税后利润	提取比例	提取金额
盈余公积	363 229. 25	10%	36 322. 93
合　计	363 229. 25		36 322. 93

相关链接

审计局在对某企业进行审查时发现，该企业出租房屋租金收入 200 000 元，记账时做了如下会计处理。

借：银行存款　　200 000

　　贷：其他应付款　　200 000

该出租业务全年计提折旧 80 000 元，发生其他费用 18 000 元，全部记入管理费用账户。

请审计该企业这样做的目的是什么？你认为应该怎样进行会计处理才正确？

4）向投资者分配现金股利。其相关原始凭证如图 8. 39、图 8. 40 所示。

图 8. 39

分 红 决 议

经董事会决议，本年按全年可供分配利润的 50% 向投资者分配红利。

北京通益有限责任公司

2012 年 12 月 31 日

图 8. 40

股利分配计算表

2012 年 12 月 31 日 单位：元

项　目	税后利润	分配比例	分配金额
应付股利	363 229. 25	50%	181 614. 63
合　计	363 229. 25		181 614. 63

5）年终，将“本年利润”账户和“利润分配”各明细账户的余额结转“利润分配——未分配利润”账户。

实训 8.4　成本核算演练

业务资料

通益公司 2012 年 11 月发生如下经济业务。根据各项费用分配表编制会计分录，计算甲产品、乙产品的成本。

1）根据领料凭证按用途编制材料耗用汇总表。相关原始凭证如图 8.41 所示。

图 8.41

材料耗用汇总表

2012 年 11 月

单位:元

用　途	材料名称		合　计
	A 材料	B 材料	
甲产品	89 800	22 000	111 800
乙产品	12 500	18 000	30 500
生产车间	6 000		6 000
管理部门		8 000	8 000
合　计	108 300	48 000	156 300

制表：张杨

2）根据工资结算汇总表编制工资福利费用汇总表。相关原始凭证如图 8.42 所示。

图 8.42

工资福利费用分配表

2012 年 11 月

单位:元

用　途	工资总额	职工福利费	合　计
甲产品	17 500	2 450	19 950
乙产品	8 000	1 120	9 120
车间管理人员	2 000	280	2 280
行政管理人员	3 000	420	3 420
合　计	30 500	4 270	34 770

3）根据提取的固定资产折旧费编制固定资产折旧费用分配表。相关原始凭证如图 8.43 所示。

图 8.43

固定资产折旧费用分配表

2012 年 11 月

单位:元

使用部门	生产车间	行政部门	合　计
折旧费	8 800	8 500	17 300

制表：张杨

4）根据生产设备租金编制租金费用分配表。相关原始凭证如图 8.44 所示。

温馨提示

预付的租金应通过“预付账款”科目核算，一定要记住哟！

图 8.44

租金费用分配表

2012 年 11 月　　单位：元

项　目	预付金额	摊销期	本月摊销金额
生产设备租金	6 000	12	500

5）根据固定资产修理费编制固定资产修理费支出表（该项费用支出直接以银行存款支付）。相关原始凭证如图 8.45 所示。

图 8.45

固定资产修理费支出表

2012 年 11 月　　单位：元

使用部门	固定资产原值	金　额
生产部门	150 000	300
行政部门	200 000	400
合　计	350 000	700

制表：张杨

6）根据制造费用归集情况编制制造费用分配表。相关原始凭证如图 8.46 所示。

图 8.46

制造费用分配表

2012 年 11 月　　单位：元

受益对象	分配标准（生产工时）	分配率	金　额
甲产品	17 500	0.5296	9 268
乙产品	16 260	0.5296	8 612
合　计	33 760		17 880

制表：张杨

7）编制产品生产成本计算表和产成品入库单。相关原始凭证如图 8.47、图 8.48 所示。

小思考：产品成本的 3 个项目记住了吗？下面开始操作吧，一定要计算准确呀！

图 8. 47

产品生产成本计算表

2012 年 11 月

单位:元

成本项目	甲产品（200 箱）		乙产品（120 件）	
	总成本	单位成本	总成本	单位成本
直接材料				
直接工资				
制造费用				
合　计				

制表：张杨

图 8. 48

产成品入库单

2012 年 11 月 31 日

单位:元

产品名称	单　位	数　量	单　价	金　额
甲产品				
乙产品				
合　计				

实训 8. 5　拓展训练

业务资料

假设通益公司生产丙、丁两种产品，该公司有一个基本生产车间和一个辅助生产车间。丙产品有期初在产品 1 000 件，在产品直接材料费用 3 220 元，直接人工费用 268 元，制造费用 340 元；丁产品没有期初在产品。根据各种分配表及有关业务编制会计分录；根据有关明细账及成本计算资料；采用约当产量法计算结转完工产品成本，并编制产品成本汇总表。

该公司 2012 年 1 月发生如下生产费用。

1）领用原材料。相关原始凭证如图 8. 49 所示。

图 8.49

原材料费用分配表

2012 年 01 月 30 日　　　　单位:元

应借账户		直接耗用材料	共耗材料分配			材料费用合计
			定额消耗量	分配率	应分配额	
生产成本——基本生产	丙产品	2 000	10 000			
	丁产品	2 200	2 200			
	小　计	4 200	12 200		36 600	40 800
制造费用		300				300
生产成本——辅助生产		200				200
管理费用		80				80
合　计		4 780			36 600	41 380

注：甲产品原材料单位定额消耗 1 千克，乙产品原材料单位定额消耗量 10 千克。

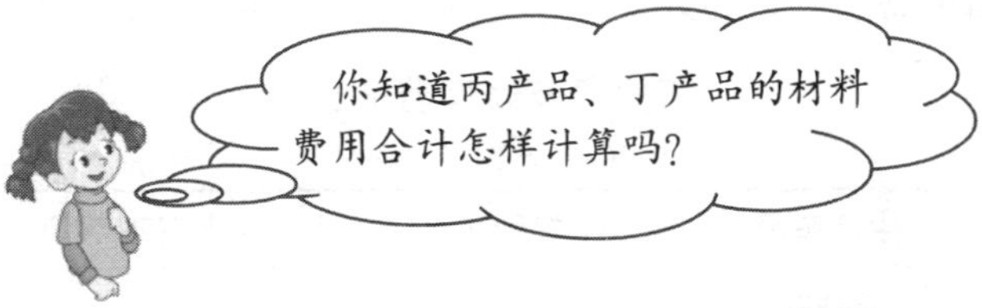

2）本月发生应付的动力费用 1 100 元，相关原始凭证如图 8.50 所示。

图 8.50

动力费分配表

2012 年 01 月 30 日　　　　单位:元

使用部门	直接用电	共耗电费分配表			电费合计
		工时定额	分配率	电费	
丙产品		38 000			
丁产品		7 000			
小　计		45 000		900	900
辅助生产	50				50
基本生产车间	120				120
管理部门	30				30
合　计	200			900	1 100

3）分配本月工资及福利费提取。相关原始凭证如图 8.51 所示。

图 8.51 **工资及福利费分配表**

2012 年 01 月 30 日　　单位:元

部门/产品	生产工人工资			应付工资	计提福利费
	工时定额	分配率	分配金额		
丙产品 丁产品	38 000 7 000				
小　计	45 000		4 500	4 500	630
辅助生产				300	42
基本生产车间				500	70
管理部门				1 700	238
合　计				7 000	980

4）本月计提折旧费、支付修理费。相关原始凭证如图 8.52 所示。

图 8.52 **折旧费及修理费分配表**

2012 年 01 月 30 日　　单位:元

项　目	生产车间	辅助生产	企业管理部门	合　计
折旧费	2 000	300	600	2 900
修理费	1 500	200	400	2 100

提示：修理费直接以存款支付。

5）本月以银行存款预付上半年保险费 4 800 元，并摊销本月应分摊的保险费（车间）。相关原始凭证如图 8.53 所示。

图 8.53

中国工商银行
转账支票存根
00000013

附加信息

签发日期：*2012* 年 *01* 月 *30* 日

收款人：	北京锐丰保险公司
金　额：	¥4800.00
用　途：	支付利息

单位主管　　会计

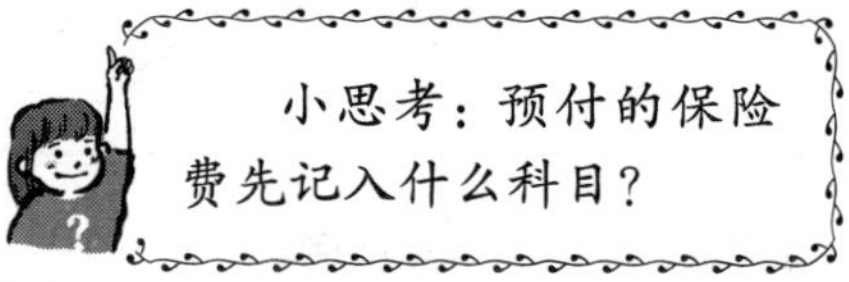

6）本月以银行存款支付借款利息。相关原始凭证如图 8.54 所示。

图 8.54

中国工商银行
转账支票存根
00000014

附加信息

签发日期：2012 年 01 月 30 日

收款人：	工行北京市朝阳分理处
金　额：	¥2000.00
用　途：	支付利息

单位主管　　　　会计

7）以银行存款支付其他各项费用，车间 368 元，管理部门 432 元。

8）本月归集的辅助生产费用全部转入制造费用。

9）本月归集的制造费用，按定额工时比例进行分配，编制制造费用分配表。丙产品工时 38 000 小时，丁产品 7 000 小时。相关原始凭证如图 8.55 所示。

图 8.55

制造费用分配表

2012 年 01 月 30 日　　单位:元

产品名称	生产工时	分配率	分配金额
丙产品			
丁产品			
合　计			

10）丙产品本月完工 9 000 件，期末在产品 2 000 件，丁产品本月完工 170 件，期末在产品 50 件。材料一次性投入，期末在产品完工程度为丙产品 50%，丁产品 60%。相关原始凭证如图 8.56、图 8.57 所示。

图 8.56

基本生产明细账

（成本计算单）

产品名称：丙产品　　2012 年 01 月 30 日

完工产量：9 000 件
在产品产量：2 000 件
完工程度：50%

年		摘　要	直接材料	直接人工	制造费用	合　计
月	日	月初在产品成本				
1	1	耗用材料				
	30	工资及福利费				
	30	外购动力费				
	30	分配制造费用				
	30	合计				
	30	约当产量				
	30	单位成本				
	30	完工产品成本				
		月末在产品成本				

小思考：按约当产量法计算，直接材料和直接人工、制造费用项目有什么不同？

图 8.57　　**基本生产明细账**

（成本计算单）

产品名称：丁产品　　2012 年 01 月　　完工产量：170 件　在产品产量：50 件　完工程度：60%

年		摘　要	直接材料	直接人工	制造费用	合　计
月	日	月初在产品成本				
1	1	耗用材料				
	30	工资及福利费				
	30	外购动力费				
	30	分配制造费用				
	30	合　计				
	30	约当产量				
	30	单位成本				
	30	完工产品成本				
		月末在产品成本				

小思考：完工产品成本应该如何进行结转？我怎么想不起来了？

课后延伸

《企业会计准则》规定，对于采用递延方式分期收款、具有融资性质的销售商品满足收入确认条件的，企业按应收合同或协议价款，借记“长期应收款”科目；按应收合同或协议价款的公允价值（折现值），贷记“主营业务收入”科目；按其差额，贷记“未实现融资收益”科目。其中，“未实现融资收益”科目是资产类账户，该科目核算企业应当分期计入租赁收入或利息收入的未实现融资收益，应当按照未实现融资收益项目进行明细核算。本科目期末贷方余额，反映企业未实现融资收益的余额。“未实现融资收益”账户应作为“长期应收款——应收融资租赁款”账户的备抵账户。期末，将“长期应收款——应收融资租赁款”账户借方余额减去“未实现融资收益”账户的贷方余额后的投资净额，列示于资产负债表中。

我是成本会计，对于工业企业来说，生产过程阶段产品生产成本的核算很重要，准确采用一定的方法进行成本核算是我的责任，我们企业采用品种法，我们共同操作起来吧！

模块 9

会计报表核算实训

模块认知

会计报表是企业对外提供的反映企业某一特定日期财务状况和某一会计期间经营成果、现金流量的文件。编制会计报表是会计核算体系中的一项重要内容。

会计人员将通过会计报表为会计信息的使用者提供有用的财务会计数据，这对于加强企业的经营管理及让外部有关部门、投资人、债权人了解企业的经济活动情况有着十分重要的意义。本模块实训的主要目的是让学生在理论学习的基础上，熟练掌握会计报表的编制方法。

“我是企业的主管会计，我的岗位职责是负责全面会计核算工作的合理性、合法性、完整性及正确性，并负责编制企业的财务会计报表。财务会计报表反映企业在一定时期的经营成果和财务状况，它的正确与否很重要，请跟我进入角色练一练。”

课前热身

1. 要求学生准备好算盘、笔等，教师准备好会计报表。

2. 企业对外报送的会计报表有哪些？资产负债表与利润表的编制方法是怎样的？有什么不同？

实训要求

1. 学生要认真审查所给出的账簿资料，在审核无误的基础上编制会计报表。

2. 准确进行报表数据的计算。

实训 9.1　资产负债表编制核算实训

通益公司 2012 年 12 月各总分类账户的余额和明细账户余额如图 9.1、图 9.2 所示，要求编制资产负债表。

图 9.1

明细账户余额表

2012 年 12 月 31 日　　　　单位：元

科目名称		借　方	贷　方
应收账款	宏大公司	385 000	
	铭丰公司		85 000
应付账款	银华公司		327 400
	新华公司	27 400	
预收账款	昌和公司	30 000	
	铭丰公司		80 000
预付账款	永康公司	120 000	
	红光公司		70 000

温馨提示

注意应收账款、应付账款、预付账款和预收账款 4 个项目的填列方法。

图 9.2

总分类账账户余额表

北京通益有限责任公司　　　　2012 年 12 月 31 日　　　　单位:元

账户名称	借方金额		账户名称	贷方金额	
	上年	本年		上年	本年
库存现金		3 850	短期借款		210 000
银行存款		2 356 140	应付票据		
交易性金融资产			应付账款		300 000
应收票据			预收账款		50 000
应收账款		300 000	应付职工薪酬		7 140
预付账款		50 000	其他应付款		
其他应收款		17 350	应交税费		155 700. 08
在途物资		18 100	长期借款		100 000
库存商品		18 020	实收资本		9 380 000
原材料		35 550	资本公积		434 000
周转材料			盈余公积		20 680. 49
(其他投资)			利润分配		
固定资产		6 800 000	(未分配利润)		114 189. 43
无形资产		1 180 000	应付股利		3 000
			累计折旧		4 300
合　计			合　计		10 779 010

其他资料：长期借款中有 30 000 元为一年内到期。

相关链接

审计局在对某企业进行审查时发现该企业编制了一张记账凭证，其内容如下。

借：应收账款

　　贷：主营业务收入

经审查，该记账凭证后未附任何原始凭证，并年底未结转销售成本。经延伸审查，该企业第二年年初即用红字将该笔分录冲消。想一想该企业为什么要这样做？这属于什么行为？

实训 9.2　利润表编制核算实训

通益公司 2012 年 12 月各损益关账户的发生额如图 9.3 所示，要求编制利润表。

小思考：同学们要注意主营业务收入、主营业务成本和利润表中营业收入、营业成本的关系哟！

图 9.3

损益类账户发生额

2012 年 12 月 31 日

单位：元

收入类	本期金额	支出类	本期金额
主营业务收入	960 000	主营业务成本	770 000
其他业务收入	83 000	其他业务成本	74 615
营业外收入	500	管理费用	12 340
投资收益	200 000	销售费用	2 300
		财务费用	1 220
		营业税金及附加	7 128
		营业外支出	2 000
		资产减值损失	1 258
		所得税费用	43 159.75
合　计	1 243 500	合　计	914 020.75

小提示：企业对外投资从联营企业、合营企业分得的利润属于税后利润，在计算应交所得税时要从利润总额中扣除。

课后延伸

审查企业假账应掌握的重点如下：做假账、搞虚假财务报告、提供虚假会计信息，这些都是搞财务欺诈的主要手段。各行各业做假账的目的不同，因而，做假账的手法也不尽相同。

1. 审查假账的4个重点：①查有疑问的凭证（单据）；②查账册；③查会计报表；④查现金流量表。

2. 需要重点审查的6个账户：①主营业务收入；②利润；③各项费用及成本；④税金；⑤应收账款、其他应收款；⑥其他应付款。

实训9.3 拓展训练

实训资料

长城公司2012年12月31日各科目余额如下。根据资料计算资产负债表、利润表中有关项目的金额。

1. “库存现金”科目余额为20 000元，“银行存款”科目余额为5 000 000元，“其他货币资金”科目余额为800 000元。计算“货币资金”项目金额。

2. 向银行借入一年期借款640 000元，从其他金融机构借款200 000元。计算“短期借款”项目金额。

3. 向股东发放现金股利300 000元，股票股利100 000元，现金股利尚未支付。计算“应付股利”项目金额。

4. 应付甲企业票据23 000元，应付乙企业票据13 000元。计算“应付票据”项目金额。

5. 应付生产人员工资300 000元，应付车间人员工资200 000元，应付管理人员工资400 000元，应计提福利费93 600元。计算“应付职工薪酬”项目金额。

6. 年初发行了一次还本付息的公司债券2 000 000元，当年应计提的利息为20 000元。计算“应付债券”项目金额。

7. 购入原材料100 000元，增值税17 000元，款项已付，材料已入库。当年实现的产品销售收入计算的增值税销项税额为34 000元，转让无形资产应交营业税40 000元。计算“应交税费”项目金额。

8. “长期借款”科目余额为 5 500 000 元，一年内到期的长期借款 2 500 000。计算“长期借款”项目金额。

9. 因销售商品应收甲企业票据金额 220 000 元，因提供劳务应收乙企业票据金额 140 000元，将所持丙企业金额为 20 000 元的未到期商业汇票向银行贴现，实际收到金额为 18 000 元。计算“应收票据”项目金额。

10. “应收账款”科目所属各明细科目的期末借方余额合计 360 000 元，贷方余额合计 130 000 元，对应收账款计提的坏账准备为 32 000 元。假设“预收账款”科目所属明细科目无借方余额，计算“应收账款”项目金额。

11. “长期股权投资”科目余额为 200 000 元，“长期股权投资减值准备”科目余额为 12 000 元。计算“长期股权投资”项目金额。

12. “固定资产”科目余额 1 000 000 元，“累计折旧”科目余额为 80 000 元，“固定资产减值准备”科目余额 100 000 元。计算“固定资产”项目金额。

13. 年末交付安装的设备价值为 205 000 元，未完建筑安装工程已经耗用的材料为 53 000元，工资费用支出为 50 100 元，“在建工程减值准备”科目余额 15 000 元，安装工作尚未完成。计算“在建工程”项目金额。

14. “无形资产”科目余额为 566 000 元，“累计摊销”科目余额为 58 600 元，“无形资产减值准备”科目余额为 83 000 元。计算“无形资产”项目金额。

15. 企业采用计划成本核算材料，“材料采购”科目余额为 130 000 元（借方），“原材料”科目余额为 2 300 000 元（借方），“周转材料”科目余额为 1 700 000 元（借方），“库存商品”科目余额为 1 700 000 元（借方），“生产成本”科目余额为 620 000 元（借方），“材料成本差异”科目余额为 110 000 元（贷方），“存货跌价准备”科目余额为 220 000元（贷方）。计算“存货”项目金额。

16. 企业年度“主营业务收入”科目的贷方发生额为 43 000 000 元，借方发生额为 1 000 000元，（系购方退货），“其他业务收入”科目的贷方发生额为 1 000 000 元。计算“营业收入”项目金额。

17. 企业年度“主营业务成本”科目的借方发生额为 35 000 000 元，当年销售产品由于质量问题被退回，该项销售已确认成本为 800 000 元，“其他业务成本”科目的借方发生额为 700 000。计算“营业成本”项目金额。

18. “资产减值损失”科目当年借方发生额为 560 000 元，贷方发生额为 220 000 元。计算“资产减值损失”项目金额。

19. “公允价值变动损益”科目借方发生额为 800 000 元，贷方发生额为 20 000 元。计算“公允价值变动损益”项目金额。

20. 2012 年年末，企业“主营业务收入”科目发生额为 42 000 000 元，“主营业务成本”科目的借方发生额为 34 200 000 元，“其他业务收入”科目的贷方发生额为 1 000 000 元，“其他业务成本”科目发生额为 700 000 元，“营业税金及附加”科目发生额为280 000 元，“销售费用”科目发生额为 60 000 元，“管理费用”科目发生额为 30 000 元，“财务费用”科目发生额为130 000元，“资产减值损失”科目借方发生额为340 000元，“公允价值变动损益”科目借方发生额为780 000元，“投资收益”科目发生额为450 000元，“营业外收入”科目发生额为100 000元，“营业外支出”科目发生额为40 000元，“所得税费用”科目发生额为140 000元。计算2012年度利润表中营业利润、利润总额和净利润。

模块 10 综合实训

小提示：为了使学生全面、综合、系统地掌握所学知识，本模块设置了3套综合实训题，以巩固学习成果。跟我一起练吧！

综合实训 10.1

实训要求

1. 根据原始凭证编制记账凭证。
2. 根据记账凭证编制记账凭证汇总表。
3. 根据记账凭证开设登记银行存款日记账，逐笔结出余额并结账。银行存款日记账期初余额为65 000元。
4. 根据自实训1）到3）三个实训的原始凭证的个人签章及单位、银行盖章自行分析盖章。

实训资料

为了强化训练，仍以通益公司为例，假设2012年12月发生下列经济业务。

1）采购员王华预借差旅费2 000元。相关原始凭证如图10.1所示。

2）接受华奥实业公司投入资金500 000元，存入银行。相关原始凭证如图10.2所示。

3）捐赠市福利院60 000元，以存款支付。相关原始凭证如图10.3所示。

4）购入原材料一批，验收入库，开出商业承兑汇票一张。相关原始凭证如图10.4、图10.5、图10.6所示。

5）销售产品一批，以存款代垫运费，办妥托收手续。相关原始凭证如图10.7、图10.8、图10.9、图10.10所示。

6）出售厂房一幢。相关原始凭证如图10.11、图10.12、图10.13所示。

7）出售无形资产，款项存入银行。相关原始凭证如图10.14、图10.15、图10.16所示。

8）销售不需用原材料，货款存入银行，同时结转材料成本。相关原始凭证如图10.17、图10.18、图10.19、图10.20所示。

图10.1

借　款　单

2012年12月02日

借款单位：采购部		
借款理由：联系业务		
借　　款：（大写）贰仟元整　　¥2000.00		
本单位负责人意见：同意　　借款人：王华		
会计主管核批：	付款方式：现金	出纳：

图10.2

中国工商银行 进 账 单（收账通知）　　3

2012年12月03日

出票人	全　　称	华奥实业公司	收款人	全　　称	北京通益有限责任公司
	账　　号	010456780000077999		账　　号	010123450000056888
	开户银行	建行北京市支行		开户银行	工行北京市朝阳分理处
金额	人民币（大写）	伍拾万元整		亿千百十万千百十元角分	¥50000000
票据种类	转账支票	票据张数	1		
票据号码	57				
复核　　记账				收款人开户银行签章	

此联是收款人开户银行交给收款人的收账通知

图10.3

吉林省行政事业单位非经营收入发票

发　票　联

顾客名称：市福利院　　北地（93122）

地　　址：翠泉路123号　　2012年12月04日填发　　№ 067289

项　目	单位	数量	收费标准	超过拾万元无效	万	千	百	十	元	角	分	备　注
捐款					6	0	0	0	0	0	0	
合　计 人民币（大写）⊗陆万元整					6	0	0	0	0	0	0	

开票人：　　收款人：　　开票单位及地址（盖章）

图 10.4

北京增值税专用发票

发 票 联　　　　开票日期：2012 年 12 月 05 日

购货单位	名　　称：北京通益有限责任公司 纳税人识别号：010123450000056888 地 址 、电 话：北京市王府井大街 119 号　010－12345678 开户行及账号：工行北京市朝阳分理处 010543213337789				密码区	（略）	
货物或应税劳务名称	规格型号	单位	数量	单价	金额	税率	税额
A 材料		千克	500	100. 00	50000. 00	17%	8500. 00
合　计					¥50000. 00		¥8500. 00
价税合计（大写）	⊗伍万捌仟伍佰元整				（小写）¥58500. 00		
销货单位	名　　称：北京宏大有限公司 纳税人识别号：010589365669583 地 址 、电 话：北京市长安街 10 号　010－66225489 开户行及账号：中行北京市西城分理处 010242424125890				备注		

收款人：　　　复核：　　　开票人：　　　销货单位（章）

第二联 发票联 购货方记账凭证

图 10.5

收 料 单

材料科目：原材料

材料类别：原料

供应单位：北京宏大公司

发票号码：　　　　2012 年 12 月 05 日　　　　收料仓库：一仓库

材料名称	规格	计量单位	数量		实际成本/元					
			应收	实收	买价		运杂费	其他	合计	单位成本
					单价	金额				
A 材料		千克	500	500	100	50000			50000	100
合　计			500	500	100	50000			50000	100

记账：　　　　收料：　　　　制单：

图 10. 6

商业承兑汇票（存根） 3

出票日期（大写）贰零壹贰年零壹拾贰月零伍日　　　　汇票号码

<table>
<tr><td rowspan="3">付款人</td><td>全　称</td><td>北京通益有限责任公司</td><td rowspan="3">收款人</td><td>全　称</td><td colspan="11">北京宏大公司</td></tr>
<tr><td>账　号</td><td>010543213 337789</td><td>账　号</td><td colspan="11">010242424125890</td></tr>
<tr><td>开户银行</td><td>工行北京市朝阳分理处</td><td>开户银行</td><td colspan="11">中行北京市西城分理处</td></tr>
<tr><td colspan="2" rowspan="2">出票金额</td><td colspan="3" rowspan="2">人民币（大写）伍万捌仟伍佰元整</td><td>亿</td><td>千</td><td>百</td><td>十</td><td>万</td><td>千</td><td>百</td><td>十</td><td>元</td><td>角</td><td>分</td></tr>
<tr><td></td><td></td><td></td><td>¥</td><td>5</td><td>8</td><td>5</td><td>0</td><td>0</td><td>0</td><td>0</td></tr>
<tr><td colspan="2">汇票到期日（大写）</td><td colspan="3">贰零壹叁年零肆月零伍日</td><td rowspan="2" colspan="2">付款人开户行</td><td colspan="2">行　号</td><td colspan="7"></td></tr>
<tr><td colspan="2">交易合同号码</td><td colspan="3"></td><td colspan="2">地　址</td><td colspan="7"></td></tr>
<tr><td colspan="5">出票人签章</td><td colspan="11">备注：</td></tr>
</table>

此联出票人留存

图 10. 7

北京增值税专用发票

记　账　联　　　　开票日期：2012 年 12 月 10 日

<table>
<tr><td>购货单位</td><td colspan="6">名　　称：天津市大华公司
纳税人识别号：024587963215876
地 址 、电 话：天津市新开路 710 号　022－50506281
开户行及账号：工行天津市支行 023698745677</td><td>密码区</td><td colspan="2">（略）</td></tr>
<tr><td colspan="2">货物或应税劳务名称</td><td>规格型号</td><td>单　位</td><td>数　量</td><td>单　价</td><td colspan="2">金　额</td><td>税　率</td><td>税　额</td></tr>
<tr><td colspan="2">甲产品</td><td></td><td>箱</td><td>200</td><td>1000. 00</td><td colspan="2">200000. 00</td><td>17%</td><td>340000. 00</td></tr>
<tr><td colspan="2">合　计</td><td></td><td></td><td></td><td></td><td colspan="2">¥200000 . 00</td><td></td><td>¥34000. 00</td></tr>
<tr><td colspan="2">价税合计（大写）</td><td colspan="8">⊗贰拾叁万肆仟元整　　　　（小写）¥234000. 00</td></tr>
<tr><td>销货单位</td><td colspan="6">名　　称：北京通益有限责公司
纳税人识别号：010543213337789
地 址 、电 话：北京王府井大街 119 号　010－12345678
开户行及账号：工行北京市朝阳分理处 01054321000056888</td><td>备注</td><td colspan="2"></td></tr>
</table>

收款人：　　　　复核：　　　　开票人：　　　　销货单位（章）

第三联　记账联　销货方记账凭证

图 10.8

托收凭证（受理回单）

1

委托日期 2012 年 12 月 10 日

<table>
<tr><td colspan="2">业务类型</td><td colspan="14">委托收款（☑ 邮划、☐电划）　托收承付（☐ 邮划、☐ 电划）</td></tr>
<tr><td rowspan="3">付款人</td><td>全　称</td><td colspan="3">天津市大华公司</td><td rowspan="3">收款人</td><td>全　称</td><td colspan="9">北京通益有限责任公司</td></tr>
<tr><td>账　号</td><td colspan="3">023698745677</td><td>账　号</td><td colspan="9">01054321000056888</td></tr>
<tr><td>地　址</td><td>天津市</td><td>开户行</td><td>工行天津市支行</td><td>地　址</td><td>北京市</td><td>开户行</td><td colspan="7">工行北京市朝阳分理处</td></tr>
<tr><td rowspan="2">金额</td><td colspan="5" rowspan="2">人民币（大写）贰拾叁万肆仟伍佰元整</td><td>亿</td><td>千</td><td>百</td><td>十</td><td>万</td><td>千</td><td>百</td><td>十</td><td>元</td><td>角</td><td>分</td></tr>
<tr><td></td><td></td><td>¥</td><td>2</td><td>3</td><td>4</td><td>5</td><td>0</td><td>0</td><td>0</td><td>0</td></tr>
<tr><td colspan="2">款项内容</td><td>货款</td><td>托收凭据名称</td><td colspan="6"></td><td colspan="3">附寄单证张数</td><td colspan="3"></td></tr>
<tr><td colspan="2">商品发运情况</td><td colspan="6"></td><td colspan="3">合同名称号码</td><td colspan="5"></td></tr>
<tr><td colspan="4">备注：

复核　记账</td><td colspan="4">款项收妥日期

年　月　日</td><td colspan="8">收款人开户银行签章

2012 年 12 月 10 日</td></tr>
</table>

此联作收款人开户银行给收款人受理回单

图 10.9

北京市公路货运收费发票

发　票　联

开户银行：工行北京市朝阳分理处

账　　号：01054321000056888　　　2012 年 12 月 10 日

<table>
<tr><td>托运单位</td><td colspan="3">北京通益有限责任公司</td><td colspan="2">受理单位</td><td colspan="4">天津市大华公司</td><td colspan="2">受理编号</td><td colspan="5"></td></tr>
<tr><td>装货地点</td><td colspan="3">北京市王府井大街 119 号</td><td colspan="2">承运单位</td><td colspan="4">北京市运输公司</td><td colspan="2">运输公司</td><td colspan="5"></td></tr>
<tr><td>卸货地点</td><td colspan="3">天津市火车站</td><td colspan="2"></td><td colspan="4"></td><td colspan="2">计费里程</td><td colspan="5"></td></tr>
<tr><td rowspan="2">货物名称</td><td rowspan="2">件数</td><td rowspan="2">包装</td><td rowspan="2">规格</td><td rowspan="2">托运重量</td><td rowspan="2">货物等级</td><td colspan="2">计费运输量</td><td colspan="3">费　率</td><td colspan="7">金　额</td></tr>
<tr><td>运量</td><td>周转量</td><td>空驶运率</td><td>运价率</td><td>比价率</td><td>万</td><td>千</td><td>百</td><td>十</td><td>元</td><td>角</td><td>分</td></tr>
<tr><td>甲产品</td><td></td><td></td><td></td><td>200 箱</td><td></td><td></td><td></td><td></td><td></td><td></td><td></td><td></td><td>5</td><td>0</td><td>0</td><td>0</td><td>0</td></tr>
<tr><td></td><td></td><td></td><td></td><td></td><td></td><td></td><td></td><td></td><td></td><td></td><td></td><td></td><td></td><td></td><td></td><td></td><td></td></tr>
<tr><td>包车原因</td><td colspan="7"></td><td colspan="2">包车费率</td><td colspan="8"></td></tr>
<tr><td>加减成条件</td><td colspan="8"></td><td colspan="2">加减成</td><td colspan="7"></td></tr>
<tr><td>合计金额（大写）</td><td colspan="8">人民币伍佰元整</td><td colspan="2">合　计</td><td></td><td>¥</td><td>5</td><td>0</td><td>0</td><td>0</td><td>0</td></tr>
</table>

制票单位：　　　制票人：　　　复核：　　　收费章

图 10.10

中国工商银行
转账支票存根
00000010

附加信息

签发日期：2012年12月10日

收款人：	北京市运输公司
金 额：	¥500.00
用 途：	垫付运费

单位主管　　会计

图 10.11

固定资产出售交接单

2012年12月21日　　单位：元

销售单位	北京通益有限责任公司			购入单位	北京市宏利公司		
名称及型号	单位	数量	原始价值	已提折旧	净值	预计年限	方式
房屋	栋	1	200000	100000	100000	20	出售
出售价格：120000元				备注：			

单位：(公章)　　主管：　　会计：

图 10.12

营业税计算表

2012年12月21日　　单位:元

计税项目	计税金额	税率	应交营业税
出售固定资产收入	120000	5%	6000

负责人：　　制表人：

图 10.13

中国工商银行 进 账 单 (收账通知)　　3

2012年12月21日

出票人	全　称	北京市宏利公司	收款人	全　称	北京通益有限责任公司
	账　号	010355567683		账　号	010123450000056888
	开户银行	建行北京市东单分理处		开户银行	工行北京市朝阳分理处
金额	人民币(大写)	壹拾贰万元整		亿千百十万千百十元角分	¥12000000
票据种类	支票	票据张数	1		
票据号码	811				
复核	记账			收款人开户银行签章	

此联是收款人开户银行交给收款人的收账通知

图 10.14

无形资产转让计算单

2012 年 12 月 22 日

调出单位	北京通益有限责任公司		调入单位	北京市新立公司		
名　　称	单位	数量	原始价值	已摊销	净值	转让方式
专利使用权	项	1	80000.00	8000.00	72000.00	有偿
转让价值	人民币（大写）壹拾贰万元整		￥120000.00		备注：	

转让单位：（章）　　主管：　　复核：　　制单：

图 10.15

营业税计算表

2012 年 12 月 22 日　　单位：元

计税项目	计税金额	税率	营业税
转让专利使用权收入	120 000	5%	6 000

负责人：　　制表人：

图 10.16

中国工商银行 进 账 单（收账通知）　3

2012 年 12 月 22 日

出票人	全　称	北京市新立公司	收款人	全　称	北京通益有限责任公司
	账　号	010882824556		账　号	010123450000056888
	开户银行	工行北京市爱民分理处		开户银行	工行北京市朝阳分理处

金额	人民币（大写）壹拾贰万元整	亿	千	百	十	万	千	百	十	元	角	分
				￥	1	2	0	0	0	0	0	0

票据种类	支票	票据张数	1
票据号码	223		

复核　　记账　　收款人开户银行签章

图 10.17

北京增值税专用发票

记 账 联　　　　开票日期：2012 年 12 月 25 日

购货单位	名称：华奥实业公司 纳税人识别号：010234562226789 地址、电话：北京市新民大街 251　010－80001234 开户行及账号：建行北京市支行 010456780000077999					密码区	（略）
货物或应税劳务名称	规格型号	单位	数量	单价	金额	税率	税额
C 材料		千克	2000	90.00	180000.00	17%	30600.00
D 材料		千克	1000	80.00	80000.00	17%	13600.00
合　计			3000		¥260000.00		¥44200.00
价税合计（大写）	⊗叁拾万肆仟贰佰元整					（小写）	¥304200.00
销货单位	名称：北京通益有限责任公司 纳税人识别号：010543213337789 地址、电话：北京市王府井大街 119 号　010－12345678 开户行及账号：工行北京市朝阳分理处 010123450000056888					备注	

收款人：　　复核：　　开票人：　　销货单位（章）

第三联　记账联　销货方记账凭证

图 10.18

中国工商银行 进 账 单（收账通知）　3

2012 年 12 月 25 日

出票人	全称	华奥实业公司	收款人	全称	北京通益有限责任公司
	账号	010456780000077999		账号	010123450000056888
	开户银行	建行北京市支行		开户银行	工行北京市朝阳分理处

金额	人民币（大写） 叁拾万肆仟贰佰元整	亿	千	百	十	万	千	百	十	元	角	分
				¥	3	0	4	2	0	0	0	0

票据种类	支票	票据张数	1
票据号码	266		

复核　　记账　　　　收款人开户银行签章

图 10.19

出 库 单

2012 年 12 月 24 日　　　　字第 1 号

编号	06	名称	C 材料	规格		数量	2000									
计量单位	千克	单价	70.00	金额	亿	千	百	十	万	千	百	十	元	角	分	
								¥	1	4	0	0	0	0	0	
用途及摘要	销售															
仓库意见		领料人	销售科													

图 10.20

出 库 单

2012 年 12 月 24 日

字第 2 号

编号	07	名称	D 材料	规格		数量	1000								
计量单位	千克	单价	50.00	金额	亿	千	百	十	万	千	百	十	元	角	分
								¥	5	0	0	0	0	0	0
用途及摘要	销售														
仓库意见		领料人	销售科												

9）本月领料汇总表的相关原始凭证如图 10.21 所示。

图 10.21

领料凭证汇总表

2012 年 12 月 30 日

单位:元

用 途	材料种类	实际成本
甲产品耗用	C 材料 D 材料	69 000 92 000
乙产品耗有	C 材料 D 材料	121 000 81 300
车间一般耗用 厂部领用	C 材料 D 材料	1 000 3 000
合 计		367 300

10）无形资产摊销。相关原始凭证如图 10.22 所示。

图 10.22

无形资产成本摊销计算表

2012 年 12 月 25 日

单位:元

摊销项目	摊销期限	金额	应摊销额（月）
专利权	10 年	120 000	1 000

会计: 制单:

11）预提利息。相关原始凭证如图 10.23 所示。

图 10.23

预提银行借款利息计算表

2012 年 12 月 30 日

单位:元

借款种类	金 额	月利率	本月应提利息	备 注
基建借款	600 000	5‰	3 000	600 000×5‰=3 000

主管: 记账: 复核: 制表:

12）分配工资。相关原始凭证如图 10.24 所示。

图 10.24 工资费用分配汇总表

2012 年 12 月 单位:元

应借科目 \ 应分配工资 \ 车间部门		基本生产车间	辅助生产车间	行政管理部门	医务室、浴室	销售部门	合 计
生产成本	基本生产成本	106 800					106 800
	辅助生产成本		6 510				6 510
制造费用		23 100					23 100
管理费用				10 980	2 900		13 880
销售费用						10 020	10 020
合 计		129 900	6 510	10 980	2 900	10 020	160 310

13）盘盈固定资产。相关原始凭证如图 10.25 所示。

图 10.25 固定资产盘盈、盘亏报告单

部门： 2012 年 12 月 30 日

固定资产名称	盘 盈			盘 亏			原 因
	数量	净值	已提折旧	数量	原始价值	已提折旧	
生产设备	1 台	20 000					未入账
备 注	已挂账，现查明原因，报上级批准处理						

主管： 制单：

14）结转已销商品销售成本。相关原始凭证如图 10.26 所示。

图 10.26 商品销售成本计算单

2012 年 12 月 31 日 单位：元

商品名称	销售数量/件	单位成本	总成本
甲产品	200	700	140 000
合 计			140 000

15）计提城建税和教育费附加。相关原始凭证如图 10.27 所示。

图 10.27 城建税、教育费附加计提表

2012 年 12 月 31 日 单位:元

项 目	金 额	备 注
本月销项税额	78 200	
本月进项税额	8 500	
本月应交增值税	69 700	
本月应交营业税	12 000	
计费依据	81 700	
本月应交城维税(7%)	5 719	
本月应交教育费附加(3%)	2 451	

16）将损益类账户的发生额结转本年利润。其相关原始凭证如图 10. 28 所示。

图 10. 28

损益类账户发生额

2012 年 12 月 31 日　　单位：元

收入类	金　额	支出类	金　额
主营业务收入	200 000	主营业务成本	140 000
其他业务收入	260 000	其他业务成本	190 000
营业外收入	56 000	管理费用	14 880
以前年度损益调整	20 000	销售费用	10 020
		营业税金及附加	8 170
		营业外支出	60 000
合　计	536 000	合　计	423 070

17）计算本月所得税。相关原始凭证如图 10. 29 所示。

图 10. 29

应交所得税计算表

2012 年 12 月 31 日　　单位：元

项　目	金　额	备　注
利润总额	112 930. 00	
调整项目		
加：纳税调整增加额		
减：纳税调整减少额		
应纳税所得额	112 930. 00	
所得税税率	25%	
应交所得税	28 232. 50	

18）计提盈余公积金。其相关原始凭证如图 10. 30 所示。

图 10. 30

盈余公积计提表

2012 年 12 月 31 日　　单位：元

项　目	税后利润	提取比例	提取金额
盈余公积	84 697. 50	10%	8 469. 75
合　计	84 697. 50		8 469. 75

19）计提盈余公积金。其相关原始凭证如图 10. 31 所示。

图 10. 31

盈余公积计提表

2012 年 12 月 31 日　　　单位：元

项　目	税后利润	提取比例	提取金额
盈余公积	84 697. 50	5%	4 234. 88
合　计	84 697. 50		4 234. 88

20）向投资者分配现金股利。其相关原始凭证如图 10. 32、图 10. 33 所示。

图 10. 32

分 红 决 议

经董事会决议，本年按全年可供分配利润的 50% 向投资者分配红利。

北京通益有限责任公司
2012 年 12 月 31 日

图 10. 33

股利分配计算表

2012 年 12 月 31 日　　　单位：元

项　目	税后利润	分配比例	分配金额
应付股利	84 697. 50	50%	42 348. 75
合　计	84 697. 50	50%	42 348. 75

综合实训 10. 2

实训资料

北京昌盛股份公司为一般纳税人，适用的增值税率为 17% ，原材料按计划成本核算，计划成本单价 200 元，开户银行：工行北京市宣武分理处，账号：010123404353910323，纳税号：010004353910341。

实训要求

1. 根据原始凭证编制记账凭证。
2. 根据记账凭证按旬编制记账凭证汇总表。

综合实训 2

实训要求

1. [illegible]
2. [illegible]

3. 开设全部总账账户，登记期初余额，根据记账凭证汇总表登记全部总账。

4. 开设"应收账款"、"原材料"明细账，登记期初余额，根据记账凭证登记明细账。

业务资料

2012 年 12 月初该公司总账及明细账余额如下表所示。

总分类账户余额表

单位：元

资产类账户	余　额	负债及所有者权益类账户	余　额
现　金	9 620	短期借款	1 878 590
银行存款	172 033	应付票据	620 480
其他货币资金	81 062	应付账款	850 000
短期投资	854 270	预收账款	678 816
交易性金属资产	260 740	其他应付款	184 630
应收账款	510 000	应付职工薪酬	170 702
坏账准备	－14 321	应交税费	434 000
预付账款	399 148	长期借款	682 000
其他应收款	32 864	实收资本	8 300 000
材料采购	141 000	资本公积	74 000
库存商品	104 250	盈余公积	126 750
原材料	7 000 000	本年利润	460 000
材料成本差异	－17 798	利润分配	848 000
周转材料	10 000		
长期股权投资	400 000		
固定资产	6 200 000		
累计折旧	－1 812 300		
在建工程	627 400		
无形资产	350 000		
合　计	15 307 968	合　计	15 307 968

明细账期初余额：

应收账款——北京市铬丰公司 510 000 元；

原材料——M 材料 35 000 千克，计划单价 200 元，7 000 000 元。

1）1 日，购入 M 材料 10 000 千克，以银行存款支付，材料未到。其相关原始凭证如图 10.34、图 10.35 所示。

2）5 日，销售 A 产品 10 000 个，货款未收到。其相关原始凭证如图 10.36 所示。

3）8 日，公司将交易性金融资产（股票投资）兑现 165 000 元，该投资成本为 130 000元，公允价值变动为增值 20 000 元，处置收益为 15 000 元，均存入银行。其相关原始凭证如图 10.37、图 10.38 所示。

4）10 日，购入不需要安装设备一台，价款 850 000 元，进项税 144 500 元，支付运费 10 000元，以存款支付，设备交付使用。其相关原始凭证如图 10.39、图 10.40、图 10.41 所示。

5）15 日，从银行借入 3 年期借款 1 000 000 元，存入银行。其相关原始凭证如图 10.42 所示。

6）17 日，公司出售一台不需用设备，收到价款 3 000 000 元，该设备原价 4 000 000 元，已提折旧 1 500 000 元，该设备已由购方运走。其相关原始凭证如图 10.43、图 10.44 所示。

图 10.34

北京增值税专用发票

发 票 联　　　开票日期：2012 年 12 月 01 日

购货单位	名　　称：北京昌盛股份公司 纳税人识别号：010004353910341 地 址 、电 话：北京市民主大街 89 号　010－81112345 开户行及账号：工行北京市宣武分理处 010123404353910323			密码区	（略）		
货物或应税劳务名称	规格型号	单位	数量	单价	金额	税率	税额
M 材料		千克	10000	150.00	1500000.00	17%	255000.00
合　计					￥1500000.00		￥255000.00
价税合计（大写）	⊗壹佰柒拾伍万伍仟元整				（小写）￥1755000.00		
销货单位	名　　称：北京宏大有限公司 纳税人识别号：010589365669582 地 址 、电 话：北京市长安街 10 号　010－66225489 开户行及账号：中行 010242424125890			备注			

第二联 发票联 购货方记账凭证

收款人：　　复核：　　开票人：　　销货单位（章）

图 10.35

中国工商银行
转账支票存根
00000001

附加信息

签发日期：*2012* 年 *10* 月 *01* 日

收款人：	北京宏大有限公司
金　额：	￥1755000.00
用　途：	购买材料

单位主管　　会计

图 10.36

北京增值税专用发票

记　账　联　　　　开票日期：2012 年 12 月 05 日

购货单位	名　　称：北京市化丰公司 纳税人识别号：010400548905421 地 址 、电 话：北京市东大街 18 号　010－62123456 开户行及账号：工行北京市新丰支行 118001				密码区	（略）	
货物或应税劳务名称	规格型号	单位	数量	单价	金额	税率	税额
A 产品		个	1000	300.00	3000000.00	17%	510000.00
合　计					¥3000000.00		¥510000.00
价税合计（大写）	⊗叁佰伍拾壹万元整				（小写）¥3510000.00		
销货单位	名　　称：北京昌盛股份公司 纳税人识别号：010004353910341 地 址 、电 话：北京市民主大街 89 号　010－81112345 开户行及账号：工行北京市宣武分理处 010123404353910323				备注		

收款人：　　　复核：　　　开票人：　　　销货单位（章）

第三联　记账联　销货方记账凭证

图 10.37

资金对账单［人民币］

打印日期：2012 年 12 月 08 日　制表单位：北方证券北京管理总部　资金账户：510002123　股东代码 007424
股东名称：北京通益有限责任公司　开始日期：20121208　结束日期 20121208　当前资金余额：265 930.00
可用余额：265 930.00　证券总市值：166 150 080　总资产：166 150 080

日　期	操　作	证券代码	证券名称	成交数量	成交均价	参考成本	当前股票市值	摘　要
20121208	证券卖出	620567	中国佳音	－100 000	16.5	165 000		证券卖出
合　计								

图 10.38

成交过户交割单

12/10/2012　　　　卖

股东编号：	A6899898	成交证券：	人民币储
电脑编号：	2346609	成交数量：	100 000
公司代号：	290	成交价格：	16.50
申请编号：	999	成交金额：	1650 000.00
申报时间：	11：20：22	标准佣金：	
成交时间：	13：00：15	过户费用：	00.00
上次余额：	100 000（股）	印花税：	00.00
本次成交：	100 000（股）	应收金额：	165 000.00
本次余额：	0（股）	最终余额：	165 000.00
附加费用：		实收金额：	165 000.00

经办单位：北方证券公司　　　　客户签章：北京通益有限责任公司

图 10.39

北京增值税专用发票

发　票　联　　　　开票日期：2012 年 12 月 10 日

购货单位	名　　　称：北京昌盛股份公司 纳税人识别号：010004353910341 地 址 、电 话：北京市民主大街 89 号　010－81112345 开户行及账号：工行北京市宣武分理处 010123404353910323					密码区	（略）	
货物或应税劳务名称	规格型号	单　位	数　量	单　价	金　额	税　率	税　额	
设备		台	1	850000. 00	850000. 00	17%	144500. 00	
合　　计					¥850000. 00		¥144500. 00	
价税合计（大写）	⊗玖拾玖万肆仟伍佰元整				（小写）¥994500. 00			
销货单位	名　　　称：北京市大明设备厂 纳税人识别号：010445550021988 地 址 、电 话：北京市中关村　010－24135487 开户行及账号：农行 010369877555554660					备注		

第二联　发票联　购货方记账凭证

收款人：　　　　复核：　　　　开票人：　　　　销货单位（章）

图 10.40

固定资产入账单

2012 年 12 月 10 日　　　　单位：元

名称及规格	数量	单位	买价	运费	包装费	金额	备　注
设备	1	台	850000. 00	10000. 00		860000. 00	交付使用
验收部门：生产部门							

会计：　　　　　　　　制单：

图 10.41

中国工商银行
转账支票存根
00000010

附加信息

签发日期：2012 年 12 月 10 日

收款人：	北京市大明设备厂
金　额：	¥1004500. 00
用　途：	购买材料

单位主管　　　　会计

图10.42

贷款凭证（3）（收账通知）

2012年12月15日

贷款单位	北京昌盛股份公司	种类	长期	贷款户账号	工行 010123404353910323
金　额	人民币（大写）壹佰万元整				千 百 十 万 千 百 十 元 角 分 ¥ 1 0 0 0 0 0 0 0
用　途	扩大生产规模	单位申请期限	自2012年12月15日至2015年12月15日		
		银行核定期限	自2012年12月15日至2015年12月15日		
上述贷款已核准发放贷款 并已划入你单位账号 月利率0.5% 银行签章　　2012年12月15日					单位会计分录 收入 付出 复核　　记账 主管　　会计

图10.43

固定资产出售交接单

2012年12月17日

销售单位	北京昌盛股份公司			购入单位	北京市远大公司		
名称及型号	单位	数量	原始价值	已提折旧	净值	预计年限	方式
设备	台	1	4000000	150000	250000	10	出售
出售价格：3000000.00元				备注：			

单位：（公章）　　主管：　　会计：

图10.44

中国工商银行 进 账 单（收账通知）　　3

2012年12月17日

出票人	全　称	北京市远大公司	收款人	全　称	北京昌盛股份公司
	账　号	010666632147855524		账　号	010123404353910323
	开户银行	工行北京市支行		开户银行	工行北京市宣武分理处
金额	人民币（大写）	叁佰万元整			亿 千 百 十 万 千 百 十 元 角 分 ¥ 3 0 0 0 0 0 0 0 0
票据种类	支票	票据张数	1		
票据号码	45				
复核　　记账					收款人开户银行签章

此联是收款人开户银行交给收款人的收账通知

7）19日，取得交易性金融资产（股票投资），价款1 030 000元，交易费用20 000元，已用存款支付。其相关原始凭证如图10.45、图10.46所示。

图10.45

资金对账单［人民币］

打印日期：2012年12月19日　制表单位：北方证券北京管理总部　资金账户：510002123　股东代码007424
股东名称：北京通益有限责任公司　开始日期：20121219　结束日期20121219　当前资金余额：2 345 530.00
可用余额：2 345 530.00　证券总市值：2 866 150 080　总资产：2 866 150 080

日　期	操　作	证券代码	证券名称	成交数量	成交均价	参考成本	当前股票市值	摘　要
20121219	证券买入	001234	万通集团	100 000	10.5	1050000	1030000	证券买入
合　计								

图10.46

成交过户交割单

12/19/2012　　买

股东编号：	A6899898	成交证券：	人民币储
电脑编号：	9876543	成交数量：	100 000
公司代号：	777	成交价格：	10.50
申请编号：	123	成交金额：	1 030 000.00
申报时间：	10：20：22	标准佣金：	
成交时间：	11：00：15	过户费用：	5 000.00
上次余额：	0（股）	印花税：	15 000.00
本次成交：	100 000（股）	应收金额：	1 050 000.00
本次余额：	100 000（股）	最终余额：	8 000 000.00
附加费用：		实收金额：	1 050 000.00

经办单位：北方证券公司　　客户签章：北京通益有限责任公司

8）20日，支付工资3 000 000元。其相关原始凭证如图10.47所示。

图10.47

中国工商银行
现金支票存根
00000015

附加信息

签发日期：2012年12月20日

收款人：北京昌盛股份公司
金　额：¥3000000.00
用　途：支付工资

单位主管　　会计

9）30日，分配工资3 000 000元，其中，生产人员2 750 000元，车间人员100 000元，管理部门150 000元。其相关原始凭证如图10.48所示。

10）30日，提取职工福利费420 000元，其中，生产人员385 000元，车间人员14 000元，管理部门21 000元。其相关原始凭证如图10.49所示。

11）30日，生产产品领用原材料计划成本7 000 000元，车间领用低值易耗品计划成本500 000元，采用一次摊销法。其相关原始凭证如图10.50、图10.51所示。

图10.48

工资分配汇总表

2012年12月

单位：元

应分配工资 车间部门 / 应借科目	基本生产车间工人	车间管理人员	行政管理人员	合 计
生产成本——基本生产成本	2 750 000			2 750 000
制造费用		100 000		100 000
管理费用			150 000	150 000
合 计	2 750 000	100 000	150 000	3 000 000

图10.49

职工福利费提取表

2012年12月

单位：元

应提取福利费 车间部门 / 应借科目	基本生产车间工人	车间管理人员	行政管理人员	合 计
生产成本——基本生产成本	385 000			385 000
制造费用		14 000		14 000
管理费用			21 000	21 000
合 计	385 000	14 000	21 000	420 000

图10.50

领 料 单

2012年12月30日

字第07号

材料编号	102	材料名称	M材料	规格		数量	35000									
计量单位	千克	计划单价	200.00	金额	亿	千	百	十	万	千	百	十	元	角	分	
						¥	7	0	0	0	0	0	0	0	0	
用途及摘要	生产产品领用															
仓库意见	同意			领料人	孙扬											

图10.51

低值易耗品出库单

仓库：二仓库

2012年12月30日

单位：元

品 名	单位	数量	计划单价	计划成本	备 注
工具	个	500	1000	500000	采用一次摊销法
合 计					

存根

主管： 会计： 记账： 制单：

12）30 日，结转领用原材料应分摊的材料成本差异，材料成本差异率 5%。其相关原始凭证如图 10.52、图 10.53 所示。

图 10.52　　发出材料成本差异计算表

材料名称：M 材料　　2012 年 12 月 30 日　　单位:元

用　途	计划成本	差异率/（%）	差异额
产品耗用	7 000 000	5	350 000
合　计	7 000 000		350 000

图 10.53　　发出材料成本差异计算表

材料名称：周转材料　　2012 年 12 月 30 日　　单位:元

用　途	计划成本	差异率/（%）	差异额
车间领用	500 000	5	25 000
合　计	500 000		25 000

13）30 日，无形资产摊销 600 元。其相关原始凭证如图 10.54 所示。

图 10.54　　无形资产成本摊销计算表

2012 年 12 月 30 日　　单位:元

摊销项目	摊销期限	金　额	应摊销额（月）
专利权	10	72 000	600

会计：　　制单：

14）30 日，计提固定资产折旧 1 000 000 元。其中，车间 800 000 元，管理部门 200 000 元，计提固定资产减值准备 300 000 元。其相关原始凭证如图 10.55 所示。

图 10.55　　折旧费、减值准备计提表

2012 年 12 月 30 日　　单位:元

项　目	生产车间	企业管理部门	减　值	合　计
折旧费	800 000	200 000		1 000 000
固定资产减值准备			300 000	300 000

15）30 日，收到应收账款 510 000 元，存入银行。其相关原始凭证如图 10.56 所示。

图10.56 **中国工商银行 进 账 单**（收账通知） 3

2012年12月30日

出票人	全称	北京市铭丰公司	收款人	全称	北京昌盛股份公司
	账号	010000011800124444		账号	010123404353910323
	开户银行	工行北京市西单分理处		开户银行	工行北京市宣武分理处

金额	人民币（大写）	亿	千	百	十	万	千	百	十	元	角	分
	伍拾壹万元整			¥	5	1	0	0	0	0	0	0

票据种类	支票	票据张数	1
票据号码	189		

复核　　　　记账　　　　收款人开户银行签章

此联是收款人开户银行交给收款人的收账通知

16）30日，结转完工产品成本400 000元。其相关原始凭证如图10.57所示。

图10.57 **产成品入库单**

2012年12月30日　　　　单位：元

产品名称	单位	数量	单价	金额
A商品	件	20000	200	400000
合计				

17）30日，提取应计入本期损益的长期借款利息80 000元。其相关原始凭证如图10.58所示。

图10.58 **预提银行借款利息计算表**

2012年12月31日　　　　单位：元

借款种类	金额	利率	本月应提利息	备注
长期借款	1 000 000	8%	80 000	

主管：　　记账：　　复核：　　制表：

18）31日，持有的交易性金融资产的公允价值为1 050 000元。其相关原始凭证如图10.59所示。

图10.59 万通公司2012年12月31日市值表

发行单位：万通公司　　　　2012年12月31日　　　　单位：元

项目	数量	单位市价	公允价值	账面价值
股票	100 000	10.5	1 050 000	1 030 000
合计				

19）30日，结转本期产品销售成本2 000 000元。其相关原始凭证如图10.60所示。

图 10.60

商品销售成本计算单

2012 年 12 月 31 日　　　　单位：元

商品名称	销售数量/件	单位成本	总成本
A 商品	10 000	200	2 000 000
合　计			

20）30 日，将各收支科目结转本年利润。其相关原始凭证如图 10.61 所示。

图 10.61

损益类账户发生额

2012 年 12 月 31 日　　　　单位：元

收入类	金　额	支出类	金　额
主营业务收入	3 000 000	主营业务成本	2 000 000
营业外收入	500 000	管理费用	371 600
投资收益	15 000	财务费用	100 000
		资产减值损失	300 000
合　计	3 515 000	合　计	2 771 600

综合实训 10.3

实训要求

1. 审核原始凭证，根据发生的经济业务填制记账凭证。
2. 按旬编制科目汇总表，采用记账凭证汇总表核算形式。
3. 对库存商品的计价，批发采用“数量进价金额”，零售采用“售价（含税）核算”。
4. 销售成本的结转，批发采用“个别计价”结转，零售采用“不含税售价”结转。

实训资料

企业概况

企业名称	上海商业公司	法定代表人	李侗
注册地址	上海市万福路 185 号	注册资本	200 万元
企业类型	国有商业企业	经营范围及主要产品	日用百货
经营方式	批零兼营	开户行	工行上海市南京分理处
账号	0210006789	税务登记证号	021006123456
纳税人类型	一般纳税人	增值税率	17%

上海商业公司 2012 年 12 月份发生如下经济业务。

1）委托银行收取的货款收到。其相关原始凭证如图 10.62、图 10.63 所示。

2）购进商品，验收入库。其相关原始凭证如图 10.64、图 10.65、图 10.66 所示。

3）批发部销售商品。其相关原始凭证如图 10.67、图 10.68 所示。

4）将上月末货到未付款的商品予以冲销。其相关原始凭证如图 10.69 所示。

5）支付水费。其相关原始凭证如图 10.70、图 10.71 所示。

6）从银行提取现金支付出差预借差旅费。其相关原始凭证如图 10.72、图 10.73 所示。

7）购进商品票据到达承付货款。其相关原始凭证如图 10.74、图 10.75、图 10.76、图 10.77 所示。

8）发放劳动保护用品。其相关原始凭证如图 10.78 所示。

9）出售固定资产。其相关原始凭证如图 10.79、图 10.80 所示。

10）收到托收货款。其相关原始凭证如图 10.81、图 10.82 所示。

11）上交上月税费。其相关原始凭证如图 10.83、图 10.84、图 10.85 所示。

12）提现金发放工资。其相关原始凭证如图 10.86、图 10.87 所示。

13）借差旅费。其相关原始凭证如图 10.88、图 10.89 所示。

14）购进商品入库。其相关原始凭证如图 10.90、图 10.91、图 10.92 所示。

15）接银行转来“特种转账传票”偿还借款。其相关原始凭证如图 10.93 所示。

图 10.62

托收凭证（收账通知）　　4

委托日期 2012 年 11 月 29 日　　付款期限 2012 年 12 月 01 日

<table>
<tr><td colspan="2">业务类型</td><td colspan="4">委托收款（☑邮划、☐电划）</td><td colspan="5">托收承付（☐邮划、☐电划）</td></tr>
<tr><td rowspan="3">付款人</td><td>全称</td><td colspan="4">天津市商业公司</td><td rowspan="3">收款人</td><td>全称</td><td colspan="3">上海商业公司</td></tr>
<tr><td>账号</td><td colspan="4">02212300890</td><td>账号</td><td colspan="3">0210006789</td></tr>
<tr><td>地址</td><td>天津市</td><td>开户行</td><td colspan="2">工行天津市劝业分理处</td><td>地址</td><td>上海市</td><td>开户行</td><td>工行上海市南京分理处</td></tr>
<tr><td>金额</td><td colspan="6">人民币（大写）壹拾贰万零伍佰柒拾元整</td><td colspan="4">亿 千 百 十 万 千 百 十 元 角 分
　 　 ¥ 1 2 0 5 7 0 0 0</td></tr>
<tr><td colspan="2">款项内容</td><td>销货款</td><td colspan="2">托收凭据名称</td><td colspan="2">增值税专用发票</td><td colspan="2">附寄单证张数</td><td colspan="2">2</td></tr>
<tr><td colspan="2">商品发运情况</td><td colspan="4"></td><td colspan="3">全同名称号码</td><td colspan="2"></td></tr>
<tr><td colspan="3">备注

复核　　记账</td><td colspan="4">款项收妥日期

2012 年 12 月 01 日</td><td colspan="4">收款人开户银行签章
2012 年 11 月 29 日</td></tr>
</table>

此联是付款人开户银行凭此汇款或收款人开户银行作收账通知

图 10.63

托收凭证(收账通知) 4

委托日期 2012 年 11 月 28 日　付款期限 2012 年 12 月 01 日

业务类型	委托收款(☑邮划、□电划)　托收承付(□邮划、□电划)						
付款人 全称	中华商贸公司			收款人 全称	上海商业公司		
付款人 账号	02100067896			收款人 账号	0210006789		
付款人 地址	天津市	开户行	工行天津市支行	收款人 地址	天津市	开户行	工行上海市南京分理处
金额 人民币(大写)	伍万陆仟伍佰元整				亿千百十万千百十元角分	¥5650000	
款项内容	销货款	托收凭据名称	增值税专用发票	附寄单证张数	2		
商品发运情况		全同名称号码					
备注 复核 记账	款项收妥日期 2012 年 12 月 01 日	收款人开户银行签章 2012 年 11 月 28 日					

此联是收款人开户银行给付款人的按期付款通知

图 10.64

上海商业公司商品验收单

存放仓库:东仓库　2012 年 10 月 01 日　第 001 号

供货单位:天津商贸集团　收货部门:批发部

商品编号	品名	规格	单位	应收数量	实收数量	单价	金额
	甲商品		千克	8000	8000	22.50	180000
	乙商品		件	4000	4000	44.60	178400
	合　计						358400

会计记账联

图 10.65

天津增值税专用发票

发 票 联　　　　开票日期：2012 年 12 月 01 日

购货单位	名　　称：上海商业公司 纳税人识别号：021006123456 地 址 、电 话：上海市万福路 185 号　021－54008200 开户行及账号：工行上海市南京分理处 0210006789				密码区	（略）	
货物或应税劳务名称	规格型号	单　位	数　量	单　价	金　额	税　率	税　额
甲商品		千克	8000	22.50	180000.00	17%	30600.00
乙商品		件	4000	44.60	178400.00	17%	30328.00
合　计			3000		￥358400.00		￥60928.00
价税合计（大写）	⊗肆拾壹万玖仟叁佰贰拾捌元整					（小写）￥419328.00	
销货单位	名　　称：天津商贸集团 纳税人识别号：0222006223456 地 址 、电 话：天津市中青街 135 号　022－20056781 开户行及账号：工行天津市红星分理处 0220005678				备注		

收款人：　　　复核：　　　开票人：　　　销货单位（章）

第二联 发票联 购货方记账凭证

图 10.66

商业承兑汇票（卡片）　1

出票日期（大写）贰零壹贰年壹拾贰月零壹日　　　汇票号码 2546755

出票人	全　称	上海商业公司	收款人	全　称	天津商贸集团
	账　号	0210005678		账　号	0220006789
	开户银行	工行上海市南京分理处		开户银行	工行天津市红星分理处
出票金额	人民币（大写）肆拾壹万玖仟叁佰贰拾捌元整			亿 千 百 十 万 千 百 十 元 角 分	￥ 4 1 9 3 2 8 0 0
汇票到期日（大写）	贰零壹叁年零贰月零壹日		付款人开户行	行号	
交易合同号码				地址	
出票人签章			备注：		

此联承兑人留存

图 10.67

中国工商银行 进 账 单（收账通知） 3

2012 年 12 月 01 日

出票人	全　称	上海丰润厂	收款人	全　称	上海商业公司
	账　号	10006789		账　号	0210005678
	开户银行	工行上海市新立分理处		汇入地点	工行上海市南京分理处
金额	人民币（大写）	叁拾壹万陆仟陆佰零贰元整		亿 千 百 十 万 千 百 十 元 角 分	¥ 3 1 6 6 0 2 0 0
票据种类	支票	票据张数	1		
票据号码	102				
复核　记账				收款人开户银行签章	

此联是收款人开户银行交给收款人的收账通知

图 10.68

上海增值税专用发票

记　账　联　　开票日期：2012 年 12 月 01 日

购货单位	名　称：上海丰润厂 纳税人识别号：10006789 地址、电话：上海市桂林路 13 号　021－72148521 开户行及账号：工行 0006478249				密码区	（略）	
货物或应税劳务名称	规格型号	单位	数量	单价	金额	税率	税额
甲商品		千克	4000	25.00	100000.00	17%	17000
丙商品		个	4000	17.00	68000.00	17%	11560
乙商品		件	2000	51.30	102600.00	17%	17442
合　计					¥270600		¥46002
价税合计（大写）	⊗叁拾壹万陆仟陆佰零贰元整					（小写）	¥316602.00
销货单位	名　称：上海商业公司 纳税人识别号：021006123456 地址、电话：上海市万福路 185 号　021－54008200 开户行及账号：工行上海市南京分理处 0210006789				备注		

收款人：　　复核：　　开票人：　　销货单位（章）

第三联 记账联 销货方记账凭证

图 10.69

上海商业公司收货单

2012 年 12 月 01 日　　第 002 号

商品编号	品名	规格	单位	应收数量	实收数量	单价/元	金额/元
	甲商品		千克	1500	1500	22.50	33750
	丙商品		个	1000	1000	15.20	152000

注：上月未入库，款未付。　　（有关人员签章）

会计记账联

图 10.70

上海市水资源费统一收据

户名：上海商业公司　　2012 年 12 月 01 日　　收款方式：委托收款

收费范围	（元/立方米）	用量	金额
生活水	0.50	3000	1500.00
合计金额（大写）壹仟伍佰元整			¥1500.00

图 10.71

托收凭证（付款通知）　　5

委托日期 2012 年 12 月 01 日　　付款期限 2012 年 12 月 01 日

业务类型	委托收款（□邮划、☑电划）　托收承付（□邮划、□电划）				
付款人 全称	上海商业公司		收款人 全称	上海自来水公司	
付款人 账号	0210006789		收款人 账号	0210001234	
付款人 地址	上海市万福路 185 号	开户行：工行上海市南京分理处	收款人 地址	上海市	开户行：工行南京市支行
金额 人民币（大写）	壹仟伍佰元整			亿千百十万千百十元角分	¥150000
款项内容	11 月份水费	托收凭据名称		附寄单证张数	1
商品发运情况		全同名称号码			
备注： 付款人开户银行收到日期 2012 年 12 月 01 日 复核　记账		付款人开户银行签章 2012 年 12 月 01 日		付款人注意： 1. 根据支付结算办法，上列委托收款（托收承付）款项在付款期限内未提出拒付，即视为同意付款，以此代付款通知。 2. 如需提出全部或部分拒付，应在规定期限内，将拒付理由书并附债务证明退交开户银行。	

此联付款人开户行凭以汇款或收款人开户银行作收账通知

图 10.72

借　款　单

2012 年 12 月 02 日

借款单位：业务科		
借款理由：联系业务		
借　　款：（大写）贰仟元整		¥2000.00
本单位负责人意见：同意		借款人：唱新
会计主管核批：	付款方式：现金	出纳：

图 10.73

中国工商银行
现金支票存根
00000002

附加信息

出票日期：2012 年 12 月 02 日

收款人：	唱新
金　额：	¥2000.00
用　途：	出差

单位主管　　　会计

图 10.74

上海增值税专用发票

发 票 联　　　　开票日期：2012 年 11 月 28 日

购货单位	名　　称：上海商业公司 纳税人识别号：021006123456 地 址 、电 话：上海市万福路 185 号 021－54008200 开户行及账号：工行上海市南京分理处 0210006789				密码区	（略）	
货物或应税劳务名称	规格型号	单位	数量	单价	金额	税率	税额
丙商品		个	1000	15.20	15200	17%	2584
合　计					¥15200		¥2584
价税合计（大写）	⊗壹万柒仟柒佰捌拾肆元整					（小写）	¥17784.00
销货单位	名　　称：天津商贸集团 纳税人识别号：0222066223456 地 址 、电 话：天津市中青街 135 号　022－20056781 开户行及账号：工行天津市红星分理处 0220005678				备注		

收款人：　　　　复核：　　　　开票人：　　　　销货单位（章）

第二联 发票联 购货方记账凭证

图 10.75

托收凭证（付款通知）　　5

委托日期 2012 年 11 月 28 日　　付款期限 2012 年 12 月 02 日

业务类型	委托收款（□ 邮划、□电划）　托收承付（□ 邮划、☑电划）						
付款人	全称	上海商业公司		收款人	全称	天津商贸集团	
	账号	0210006789			账号	0220005678	
	地址	上海市	开户行：工行上海市南京分理处		地址	天津市	开户行：工行天津市红星分理处
金额	人民币（大写）	壹万捌仟零叁拾肆元整				亿千百十万千百十元角分	¥1803400
款项内容	销货款	托收凭据名称	增值税专用发票等		附寄单证张数	2	
商品发运情况					合同名称号码		
备注： 付款人开户银行收到日期 2012 年 12 月 02 日 复核　记账		付款人开户银行签章 2012 年 12 月 02 日			付款人注意： 1. 根据支付结算办法，上列委托收款（托收承付）款项在付款期限内未提出拒付，即视为同意付款，以此代付款通知。 2. 如需提出全部或部分拒付，应在规定期限内，将拒付理由书并附债务证明退交开户银行。		

此联是收款人开户银行给付款人的按期付款通知

图 10.76

天津市公路货运收费发票

发　票　联

2012 年 11 月 28 日

托运单位	天津商贸集团	受理单位		受理编号	
装货地点		承运单位	天津市运输公司	运输公司	
卸货地点				计费里程	

货物名称	件数	包装	规格	托运重量	货物等级	计费运输量		费率			金额					
						运量	周转量	空驶运率	运价率	比价率	万	千	百	十	元	角
丙商品	1000	件											2	5	0	0
包车原因							包车费率									
加减成条件								加减成								
合计金额（大写）	贰佰伍拾元整							合　计				¥	2	5	0	0

制票单位：　　　　制票人：　　　　复核：　　　　收费章

第二联　运费收据托运单位报销凭证

图 10.77

上海商业公司收货单

2012 年 02 月 21 日　　　　第 003 号

商品编号	品名	规格	单位	应收数量	实收数量	单价/元	金额/元
	丙商品		件	1000	1000	15.20	15200
合　计				1000	1000		15200

会计记账联

图 10.78

劳动保护品发放表（代出库单）

2012 年 12 月 02 日

品　名	单位	数量	单价/元	金额/元	领用部门	备　注
劳保用品	件	10	30.00	300.00	批发	摊入费用
劳保用品	件	20	35.00	700.00	零售	摊入费用
劳保用品	件	10	35.00	350.00	业务	摊入费用
劳保用品	件	5	30.00	150.00	储存	摊入费用
合　计		45		1500.00		

主管：　　　　复核：　　　　保管：　　　　制表：

会计部门记账

图10.79

中国工商银行 **进 账 单**(收账通知) 3

2012年12月02日

出票人	全　称	天津一商场	收款人	全　称	上海商业公司
	账　号	10002345		账　号	0210006789
	开户银行	工行天津市支行		开户银行	工行上海市南京分理处
金额	人民币(大写)	叁万元整		亿千百十万千百十元角分	¥3000000
票据种类	支票	票据张数	1		
票据号码	23				
复核　　记账					

此联是收款人开户银行交给收款人的收账通知

图10.80

固定资产出售交接单

2012年12月02日

销售单位	上海商业公司			购入单位	天津一商场		
名称及型号	单位	数量	原始价值	已提折旧	净值	预计年限	方式
货车	辆	1	70000	50000	20000	3	出售
出售价格：30000.00元				备注：			

单位：(公章)　　主管：　　会计：

图10.81

托收凭证(收账通知) 4

委托日期2012年11月28日　付款期限2012年12月03日

业务类型	委托收款(☑邮划、☐电划)　托收承付(☐邮划、☐电划)							
付款人	全　称	天津二商场		收款人	全　称	上海商业公司		
	账　号	10003456			账　号	0210006789		
	地　址	天津市	开户行：工行天津市中山分理处		地　址	上海市	开户行：工行上海市南京分理处	
金额	人民币(大写)	玖万捌仟肆佰贰拾伍元整			亿千百十万千百十元角分	¥9842500		
款项内容	销货款	托收凭据名称	增值税专用发票		附寄单证张数	2		
商品发运情况					合同名称号码			
备注： 复核　记账		款项收妥日期 2012年12月03日			收款人开户银行签章 2012年12月03日			

此联是付款人开户银行凭以汇款或收款人开户银行作收账通知

图 10. 82

托收凭证（收账通知）　　4

委托日期 2012 年 11 月 29 日　付款期限 2012 年 12 月 03 日

业务类型	委托收款（☑ 邮划、☐电划）　托收承付（☐ 邮划、☐ 电划）							
付款人	全　称	天津一商场			收款人	全　称	上海商业公司	
	账　号	10002345				账　号	0210006789	
	地　址	天津市	开户行	工行		地　址	上海市	开户行：工行上海市南京分理处
金额	人民币（大写）壹万贰仟叁佰捌拾伍元整					亿 千 百 十 万 千 百 十 元 角 分		¥ 1 2 3 8 5 0 0
款项内容	销货款	托收凭据名称	增值税专用发票			附寄单证张数	2	
商品发运情况						合同名称号码		
备注： 复核　记账		款项收妥日期 2012 年 12 月 03 日				收款人开户银行签章 2012 年 12 月 03 日		

此联是付款人开户银行凭以汇款或收款人开户银行作收账通知

图 10. 83

中 华 人 民 共 和 国

税 收 缴 款 书

沪税 A字 (105)

隶属关系：
经济类型：　填发时间：2012 年 12 月 06 日　收入机关：

缴款单位（人）	代　码		预算科目 编码	
	全　称	上海商业公司	名称	
	开户银行	工行上海市南京分理处	级次	
	账　号	0210006789	收款国库	

税款所属时期 2012 年 11 月 01 日至 2012 年 11 月 30 日　税款限缴日期 2012 年 12 月 10 日

品目名称	课税数量	计税金额或销售收入	税率或单位税额	已缴或扣除额	实缴金额
增值税		485000. 00	17%	736300. 00	88200. 00
金额合计	（大写）捌万捌仟贰佰元整				88200. 00

缴款单位（人）	税务机关	上列款项已收妥并划转收款单位账户	备注：
（盖章） 经办人（章）	（盖章） 填票人（章）	中国工商银行北京市朝阳分理处 收妥划转 转 模拟 国库（银行）盖章 2012 年 12 月 06 日	

第一联 缴款单位（人）作完税凭证

图10.62 托收凭证（受理回单）

图10.63

图 10.84

电子缴库专用缴款书

2012 年 12 月 06 日　　（2012）京地电库：№1222523

□ 已申报　　申报序号：

纳税人计算机代码			征收机关代码	
纳税人名称	上海商业公司		征收机关名称	
付款人名称	上海商业公司			
付款人开户银行名称	工行上海市南京分理处		收款国库名称	
付款人账户	0210006789		国库清算行	
纳税项目代码	课税数量	计税金额	实缴税额	
城市维护建设税 100200		88200	6174	
教育费附加税 700300		88200	2646	
金额合计（大写）：捌仟捌佰贰拾元整			金额合计（小写） ¥8820.00	
缴款单位（人）（盖章）经办人（章）	税务机关（盖章）填票人（章）	上列款项已收妥划转收款单位账户 国库（银行）盖章 2012 年 12 月 06 日	备注：	

图 10.85

中 华 人 民 共 和 国

税 收 缴 款 书

沪税 A字 (105)

隶属关系：
经济类型：　　填发时间：2012 年 12 月 06 日　　收入机关：

缴款单位（人）	代　码		预算科目	编码		
	全　称	上海商业公司		名称		
	开户银行	工行上海市南京分理处		级次		
	账　号	0210006789	收款国库			
税款所属时期 2012 年 11 月 01 日至 2012 年 11 月 30 日			税款限缴日期 2012 年 12 月 10 日			
品目名称	课税数量	计税金额或销售收入	税率或单位税额	已缴或扣除额	实缴金额	
所得税		300000.00	25%		7500.00	
金额合计	（大写）柒万伍仟元整				¥7500.00	
缴款单位（人）（盖章）经办人（章）	税务机关（盖章）填票人（章）	上列款项已收妥划转收款单位账户 国库（银行）盖章 2012 年 12 月 06 日			备注：	

第一联 缴款单位（人）作完税凭证

图 10.86

工资结算汇总表

单位：上海商业公司　　2012 年 12 月　　单位:元

人员类别	应付工资					其他	代扣款项			实发工资
	标准工资	各种奖金	各种津贴	缺勤扣款	合计		房租	水电	储金	
经营人员	47 775	11 025	9 985	68	68 717	12 250	2 205	1 837.50	1 850	75 074.50
管理人员	16 600	3 486	3 593	35	23 464	4 565	913	664	700	25 752
医务人员	396	84	80		560	110	22	16	30	602
长病人员	1 000		200		1 200	275	50	40	80	1 305
小　　计	65 771	14 595	13 678	103	93 941	19 725	3 190	2 557.50	2 660	102 733.50
退休人员	7 040		1 280		8 320	1 888	352	288	150	9 418
合　　计	72 811	14 595	14 958	103	102 261	19 088	3 542	2 845.50	2 810	112 151.50

复核：　　制表：

图 10.87

中国工商银行
现金支票存根
00000009

附加信息

签发日期：2012 年 12 月 08 日

收款人：	上海商业公司
金　额：	¥112151.50
用　途：	备发工资

单位主管　　会计

图 10.88

借　款　单

2012 年 12 月 09 日

借款单位：业务科		
借款理由：联系业务		
借　　款：(大写)叁仟元整		¥3000.00
本单位负责人意见：同意		借款人：佟伟
会计主管核批：	付款方式：现金	出纳：

图 10.89

中国工商银行
现金支票存根
00000010

附加信息

签发日期：2012 年 12 月 09 日

收款人：	佟伟
金　额：	¥3000.00
用　途：	出差

单位主管　　　会计

图 10.90

上海增值税专用发票

发　票　联　　　开票日期：2012 年 12 月 09 日

购货单位	名　　称：上海商业公司 纳税人识别号：021006123456 地 址 、电 话：上海市万福路 185 号 开户行及账号：工行上海南京分理处 0210006889				密码区	（略）	
货物或应税劳务名称	规格型号	单　位	数　量	单　价	金　额	税　率	税　额
甲商品		千克	700	22.80	159600.00	17%	27132.00
乙商品		件	1500	44.60	66900.00	17%	11373.00
合　计					¥226500.00		¥38505.00
价税合计（大写）	⊗贰拾陆万伍仟零伍元整				（小写）	¥265005.00	
销货单位	名　　称：上海商贸集团 纳税人识别号：02100061234 地 址 、电 话：上海市中青街 136 号 开户行及账号：建行新华分理处 0210004567				备注		

收款人：　　　复核：　　　开票人：　　　销货单位（章）

第二联　发票联　购货方记账凭证

图 10.91

中国工商银行
转账支票存根
00000015

附加信息

签发日期：2012 年 12 月 09 日

收款人：	上海商贸集团
金　额：	¥265005.00
用　途：	购货款

单位主管　　　会计

图 10.92

上海商业公司收货单

收货单位：上海商业公司一柜组　　2012 年 12 月 09 日　　第 010 号

品名	单位	数量	单价	金额	零售单价	金额	差价
甲商品	千克	7000	22.80	159600	26.50	185500	25900
乙商品	件	1500	44.60	66900	53.50	80250	13350
合　计				226500		265750	39250

图 10.93

代银行转账传票
代银行支款通知
代银行收款通知

特种转账传票

字第____号

报单号码：______

付款行	行　号		转账 2012 年 12 月 12 日	收款行	行　号		转账 2012 年 12 月 12 日
	行　名	工行上海市南京分理处			行　名	中国工商银行	
付款单位	全　称	上海商业公司		收款单位	全　称	中国工商银行	
	账　号	0210006789			账　号	000122442146	
人民币（大写）	壹佰万元整				亿千百十万千百十元角分	¥100000000	
原凭证金额	¥________	赔偿金	¥________	会计分录	（收）________ ¥________		
原凭证名称		号　码			（收）________		
转账原因	归还长期借款本息				（付）________ ¥________		
					（付）________ ¥________		

附件　张

16）支付商业票据款。其相关原始凭证如图 10.94 所示。

17）购进商品付款。其相关原始凭证如图 10.95、图 10.96、图 10.97 所示。

18）批发部销售商品收到价款。其相关原始凭证如图 10.98、图 10.99 所示。

19）报销差旅费。其原始凭证如图 10.100 所示。

20）购进商品支付货款。相关原始凭证如图 10.101、图 10.102、图 10.103 所示。

21）支付广告费及电话费。其原始凭证如图 10.104、图 10.105、图 10.106、图 10.107 所示。

22）转让无形资产。其相关原始凭证如图 10.108、图 10.109 所示。

23）批发部销售商品，收到价款并存入银行。其相关原始凭证如图 10.110、图 10.111、图 10.112、图 10.113 所示。

24）预订下年报刊杂志费。其相关原始凭证如图 10.114、图 10.115 所示。

图 10. 94

托收凭证（付款通知）　　5

委托日期 2012 年 11 月 13 日　　付款期限 2012 年 12 月 13 日

业务类型	委托收款（□邮划、☑电划）			托收承付（□ 邮划、□ 电划）				
付款人	全　称	上海商业公司		收款人	全　称	天津市商贸集团		
	账　号	0210006789			账　号	10003456		
	地　址	上海市	开户行：工行上海市南京分理处		地　址	天津市	开户行：工行红星分理处	
金额	人民币（大写）	贰万陆仟叁佰贰拾伍元整			亿 千 百 十 万 千 百 十 元 角 分	¥ 2 6 3 2 5 0 0		
款项内容	销货款	托收凭据名称	增值税专用发票等		附寄单证张数	2		
商品发运情况					合同名称号码			

备注： 付款人开户银行收到日期 2012 年 12 月 13 日 复核　　记账	付款人开户银行签章 2012 年 12 月 13 日	付款人注意： 1. 根据支付结算办法，上列委托收款（托收承付）款项在付款期限内未提出拒付，即视为同意付款，以此代付款通知。 2. 如需提出全部或部分拒付，应在规定期限内，将拒付理由书并附债务证明退交开户银行。

此联作收款人开户银行给收款人受理回单

图 10. 95

托收凭证（付款通知）　　5

委托日期 2012 年 12 月 14 日　　付款期限 2012 年 12 月 14 日

业务类型	委托收款（□邮划、□ 电划）			托收承付（□ 邮划、☑电划）				
付款人	全　称	上海商业公司		收款人	全　称	深圳振兴针织厂		
	账　号	0210006789			账　号	103241368778		
	地　址	上海市	开户行：工行上海市南京分理处		地　址	广东省深圳市	开户行：工行深圳市支行	
金额	人民币（大写）	壹拾伍万壹仟玖佰陆拾元整			亿 千 百 十 万 千 百 十 元 角 分	¥ 1 5 1 9 6 0 0 0		
款项内容	销货款	托收凭据名称	增值税专用发票等		附寄单证张数	2		
商品发运情况					合同名称号码			

备注： 付款人开户银行收到日期 2012 年 12 月 14 日 复核　　记账	付款人开户银行签章 2012 年 12 月 14 日	付款人注意： 1. 根据支付结算办法，上列委托收款（托收承付）款项在付款期限内未提出拒付，即视为同意付款，以此代付款通知。 2. 如需提出全部或部分拒付，应在规定期限内，将拒付理由书并附债务证明退交开户银行。

此联作收款人开户银行给收款人受理回单

图 10.96

广东增值税专用发票

发　票　联　　　　开票日期：2012 年 12 月 14 日

购货单位	名　　称：上海商业公司 纳税人识别号：021006123456 地 址 、电 话：上海市万福路 185 号　021－54008200 开户行及账号：工行上海市南京分理处 0210006789				密码区	（略）	
货物或应税劳务名称	规格型号	单位	数　量	单　价	金　额	税率	税　额
丙商品		个	6000	15.20	91200.00	17%	15504.00
丁商品		条	4000	9.50	38000.00	17%	6460.00
合　计					¥129200.00		¥21964.00
价税合计（大写）	⊗壹拾伍万壹仟壹佰陆拾肆元整					（小写）	¥151164.00
销货单位	名　　称：深圳振兴针织厂 纳税人识别号：345966965407812 地 址 、电 话：广东省深圳市宽城区　020－62730158 开户行及账号：工行深圳市支行 103241368778				备注		

收款人：　　　　复核：　　　　开票人：　　　　销货单位（章）

第二联 发票联 购货方记账凭证

图 10.97

铁路局货票（收据联）

2012 年 12 月 14 日

发站	深圳	到站	上海
发货人	深圳振兴针织厂	收货人	上海商业公司
货物名称	重量	件数	运费金额
商品			796.00
合　计	柒佰玖拾陆元整		796.00

发运站：　　　　经办人：

图 10.98

上海增值税专用发票

记　账　联　　　　开票日期：2012 年 12 月 16 日

购货单位	名　　称：上海市万隆商场 纳税人识别号：20210061356 地 址 、电 话：上海市桂林路 12 号　021－22112112 开户行及账号：中行上海市东山分理处 0006478243				密码区	（略）	
货物或应税劳务名称	规格型号	单位	数　量	单　价	金　额	税率	税　额
甲商品		千克	2500	25.00	62500.00	17%	10625.00
丙商品		件	4000	17.00	68000.00	17%	11560.00
乙商品		个	3500	51.30	179550.00	17%	30523.50
丁商品		只	2000	11.50	23000.00	17%	3910.00
合　计					¥333050.00		¥56618.50
价税合计（大写）	⊗叁拾捌万玖仟陆佰陆拾捌元伍角整					（小写）	¥389668.50
销货单位	名　　称：上海商业公司 纳税人识别号：021006123456 地 址 、电 话：上海市万福路 185 号　021－54008200 开户行及账号：工行上海市南京分理处 0210006789				备注		

收款人：　　　　复核：　　　　开票人：　　　　销货单位（章）

第三联 记账联 销货方记账凭证

图10.99

中国工商银行 进 账 单（收账通知） 3

2012年12月16日

出票人	全称	上海市万隆商场	收款人	全称	上海商业公司
	账号	0006478243		账号	0210006789
	开户银行	中行上海市东山分理处		开户银行	工行上海市南京分理处

金额	人民币（大写） 叁拾捌万玖仟陆佰陆拾捌元伍角整	亿	千	百	十	万	千	百	十	元	角	分
				¥	3	8	9	6	6	8	5	0

票据种类	支票	票据张数	1
票据号码	69		
复核		记账	收款人开户银行签章

此联是收款人开户银行交给收款人的收账通知

图10.100

差旅费报销单

原派出单位： 2012年12月18日 单据张数20张（略）

事 由：开会 姓名：佟伟 职务：主任 预借款3000元

起止日期				地点	车船费	邮电	住勤费			途中标准	伙食补助		合计
月	日	月	日				标准	天数	金额		天数	金额	
12	9	12	16	成都	2637				120				2757
合 计					2637				120				2757
人民币（大写） 贰仟柒佰伍拾柒元整							应退 ~~（补）~~：243元						

派出单位领导： 财务主管： 复核： 出纳：

图10.101

铁路局货票（收据联）

2012年12月19日

发站	深圳	到站	上海
发货人	深圳振兴针织厂	收货人	上海商业公司
货物名称	重量	件数	运费金额
商品			875.00
合 计	捌佰柒拾伍元整		875.00

图 10.102

托收凭证（付款通知） 5

委托日期 2012 年 12 月 19 日 付款期限 2012 年 12 月 19 日

业务类型	委托收款（□邮划、□ 电划） 托收承付（□ 邮划、☑电划）						
付款人	全　称	上海商业公司		收款人	全　称	深圳振兴针织厂	
	账　号	0210006789			账　号	103241368778	
	地　址	上海市	开户行：工行上海市南京分理处		地　址	广东省深圳市	开户行：工行深圳市支行
金额	人民币（大写）	肆拾柒万伍仟零柒拾陆元整				亿千百十万千百十元角分	¥ 4 7 5 0 7 6 0 0
款项内容	销货款	托收凭据名称	增值税专用发票等			附寄单证张数	2
商品发运情况						合同名称号码	

备注： 付款人开户银行收到日期 2012 年 12 月 19 日 复核　　记账	付款人开户银行签章 2012 年 12 月 19 日	付款人注意： 1. 根据支付结算办法，上列委托收款（托收承付）款项在付款期限内未提出拒付，即视为同意付款，以此代付款通知。 2. 如需提出全部或部分拒付，应在规定期限内，将拒付理由书并附债务证明退交开户银行。

此联作收款人开户银行给收款人受理回单

图 10.103

广东增值税专用发票

发　票　联　　开票日期：2012 年 12 月 19 日

购货单位	名　　称：上海商业公司 纳税人识别号：021006123456 地 址 、电 话：上海市万福路 185 号　021－54008200 开户行及账号：工行上海市南京分理处 0210006789	密码区：（略）

货物或应税劳务名称	规格型号	单位	数　量	单　价	金　额	税率	税　额
甲商品		千克	5000	22.50	112500.00	17%	19125.00
乙商品		件	5500	44.60	245300.00	17%	41701.00
丁商品		只	5000	9.50	47500.00	17%	8075.00
合　计					¥405300.00		¥68901.00
价税合计（大写）	⊗肆拾柒万肆仟贰佰零壹元整					（小写）	¥474201.00

销货单位	名　　称：深圳振兴针织厂 纳税人识别号：103241368778 地 址 、电 话：广东省深圳市宽城区　021－62730158 开户行及账号：工行深圳市支行 345966965407812	备注

收款人：　　复核：　　开票人：　　销货单位（章）

第二联 发票联 购货方记账凭证

图 10.104

特约委托收款凭证（付款通知）

2012 年 12 月 19 日

付款人	全称	上海商业公司			收款人	全称	上海电视台		
	账号	0210006789				账号	10000021		
	地址	上海市	开户行	工行上海市南京分理处		地址	上海市	开户行	建行新华分理处

金额	人民币（大写）	亿	千	百	十	万	千	百	十	元	角	分
	壹仟贰佰伍拾元整					¥	1	2	5	0	0	0

款项内容	广告费	合同编号		银行盖章	

此联是付款人开户银行给付款人的付款通知

图 10.105

广播电视报刊广告收费发票

2012 年 12 月 19 日　　　　编号

客户名称	上海商业公司	收费细目						金额				
		项目	数量	单位	单价	万	千	百	十	元	角	分
广告内容	产品销售	广告费	120	次			1	2	5	0	0	0
播刊次数		制作费		平方厘米								
刊播日期	2012 年 20 日—2012 年 31 日	代收绘图费		幅								
备注	要求在黄金时间每日两次播放	套色费	（加收广告费的）									
总金额（大写）：壹仟贰佰伍拾元整						¥	1	2	5	0	0	0

收款单位：　　电视台（章）　　记账　马力　　收款人　李华

第二联　交付款单位

图 10.106

特约委托收款凭证（付款通知）

2012 年 12 月 19 日

付款人	全称	上海商业公司			收款人	全称	上海邮电局		
	账号	0210006789				账号	10000011		
	地址	上海市	开户行	工行上海市南京分理处		地址	上海市	开户行	建行新华分理处

金额	人民币（大写）	亿	千	百	十	万	千	百	十	元	角	分
	贰仟叁佰伍拾捌元整					¥	2	3	5	8	0	0

款项内容	电话费	合同编号		银行盖章	

此联是付款人开户银行给付款人的付款通知

图10.107

上海电信业专用发票

发 票 联

2012年12月19日 地税№1689043

用户名称	上海商业公司	电话号码	021－54008200	局编账号	100902334562
合计金额	人民币	贰仟叁佰伍拾捌元整		人民币(小写)	2358.00
项目	月使用费650.00，国内长途费950.00，区内通话费758.00				

②报销凭证

通话费周期：20121101—20121201 付款方式：转账 收款员：

图10.108

无形资产转让计算单

2012年12月26日

调出单位	上海商业公司		调入单位	上海商厦		
名称	单位	数量	原始价值	已摊销	净值	转让方式
专利使用权	项	1	45000.00			有偿
转让价值	人民币(大写)伍万元整 ￥50000.00				备注：	

转让单位：(章) 主管： 复核： 制单：

图10.109

中国工商银行 进 账 单(收账通知) 3

2012年12月26日

出票人	全称	上海商厦	收款人	全称	上海商业公司
	账号	10003211		账号	0210006789
	开户银行	工行上海市南京分理处		开户银行	工行上海市南京分理处

金额	人民币(大写) 伍万元整	亿	千	百	十	万	千	百	十	元	角	分
					￥	5	0	0	0	0	0	0

票据种类	支票	票据张数	1
票据号码	136		

复核 记账 收款人开户银行签章

此联是收款人开户银行交给收款人的收账通知

图10.110

中国工商银行

转账支票存根

00000023

附加信息

出票日期：2012年12月27日

收款人：南京站
金 额：￥693.00
用 途：付运费

单位主管 会计

图 10.111

上海增值税专用发票

记 账 联　　　开票日期：2012 年 12 月 16 日

购货单位	名称：南京一商场 纳税人识别号：20210061389 地址、电话：南京市星光分理处 025－55514231 开户行及账号：中行南京市星光分理处 20001234					密码区	（略）
货物或应税劳务名称	规格型号	单位	数量	单价	金额	税率	税额
甲商品		千克	5000	25.00	125000.00	17%	21250.00
丙商品		件	6000	17.00	102000.00	17%	17340.00
乙商品		个	4600	51.30	235980.00	17%	40116.60
戊商品		只	35	1850.00	64750.00	17%	11007.50
合计					¥527730.00		¥89714.10
价税合计（大写）	⊗陆拾壹万柒仟肆佰肆拾肆元壹角整				（小写）¥617444.10		
销货单位	名称：上海商业公司 纳税人识别号：021006123456 地址、电话：上海市万福路 185 号 021－54008200 开户行及账号：工行南京分理处 0210006789					备注	

收款人：　　　复核：　　　开票人：　　　销货单位（章）

第三联 记账联 销货方记账凭证

图 10.112

托收凭证（受理回单）　　1

委托日期 *2012* 年 *12* 月 *27* 日

业务类型	托收承付（☐ 邮划、☑电划）						
付款人	全称	南京一商场		收款人	全称	上海商业公司	
	账号	20001234			账号	0210006789	
	地址	江苏省南京市	开户行：中行南京市星光分理处		地址	上海市	开户行：工行上海市南京分理处
金额	人民币（大写）	贰拾肆万捌仟贰佰陆拾伍元整			亿千百十万千百十元角分	¥ 2 4 8 2 6 5 0 0	
款项内容	销货款及垫付运费	托收凭据名称	增值税专用发票等		附寄单证张数	2	
商品发运情况	已发运				合同名称号码		
备注： 复核　记账	上列款项已划回收入你方账户内 收款人开户银行签章 年　月　日						

图10.113

中国工商银行　进账单（收账通知）　3

2012年12月27日

出票人	全　称	南京一商场	收款人	全　称	上海商业公司
	账　号	20001234		账　号	0210006789
	开户银行	中行南京市星光分理处		开户银行	工行上海市南京分理处

金额	人民币（大写）	亿	千	百	十	万	千	百	十	元	角	分
	叁拾陆万玖仟捌佰柒拾贰元壹角整			¥	3	6	9	8	7	2	1	0

票据种类	支票	票据张数	1
票据号码	45		

复核　　记账

收款人开户银行签章

此联是收款人开户银行交给收款人的收账通知

图10.114

中国人民邮电报刊费收据

户名：上海商业公司　　2012年12月29日　　单位:元

费用项目	总　额	备　注
报刊	5200.00	预订下年度报纸
杂志	1400.00	预订下年度杂志
合　计	6600.00	
人民币	陆仟陆佰元整	

图10.115

中国工商银行

转账支票存根

00000012

附加信息

签发日期：2012年12月29日

收款人：	上海市邮电局
金　额：	¥6600.00
用　途：	报刊费

单位主管　　会计

25）计算本年房产税。其相关原始凭证如图10.116所示。

图10.116 房产税计算表 单位：元

项　目	应税金额	扣减	税率	应交税额	备　注
房屋建筑	2 273 000	20%	1.2%	21 820.80	[2 273 000×(1－20%)]×1.2% =21 280.80
合　计				21 820.80	

主管：　　记账：　　复核：　　制表：

26）支付招待费。其相关原始凭证如图10.117、图10.118所示。

图10.117

天津市饮食业统一发票

发　票　联

客户名称：上海商业公司　　2012年12月31日　　地税（2012）第二版（3）

经营项目	单位	数　量	单　价	金额 万	千	百	十	元	角	分
餐费				1	8	5	0	0	0	0
合计金额（大写）	壹万捌仟伍佰元整			1	8	5	0	0	0	0

收款单位（盖章有效）　　收款人：　　开票人：

图10.118

中国工商银行
转账支票存根
00000025

附加信息

签发日期：2012年12月31日

收款人：	人民饭店
金　额：	￥18500.00
用　途：	招待费

单位主管　　会计

27）分摊无形资产。其相关原始凭证如图10.119所示。

图10.119 无形资产成本摊销计算表

2012年12月31日　　单位:元

摊销项目	摊销期限	金额	应摊销额（月）
专利权	10年	72 000.00	600
合　计		72 000.00	600

主管：　　复核：　　制表：

28）提取工资附加费。其相关原始凭证如图10.120所示。

图 10. 120　**工资附加费提取表**

2012 年 12 月 31 日　　单位：元

人员类别	应付工资总额	福利费		职工教育经费		工会经费	
		比例 14%	金额	比例 2. 5%	金额	比例 2%	金额
经营人员	80 967						
管理人员	28 029						
医务人员	670						
长病人员	1 475						
合　计	111 141						

29）计提并支付借款利息。其相关原始凭证如图 10. 121 所示。

图 10. 121　**中国建设银行计付利息清单**（付出传票）

2012 年 12 月 31 日

户名	上海商业公司	账号	0210006789	会计分录：
计息时间	20121201—20121231			
计息积数	280 000. 00	利率	月 10‰	
利息金额 人民币（大写）贰仟捌佰元整			¥2800. 00	转账日期：

30）提取现金备用。其相关原始凭证如图 10. 122 所示。

图 10. 122

中国工商银行
现金支票存根
00000011

附加信息

签发日期：2012 年 12 月 31 日

收款人：	北京通益有限责任公司
金　额：	¥2000. 00
用　途：	备用金

单位主管　　　会计

尊敬的老师：

您好。

请您认真、完全地填写以下表格的内容（务必填写每一项），索取相关图书的教学资源。

教学资源索取表

书　名				作者名	
姓　名		所在学校			
职　称		职　务		讲授课程	
联系方式	电话：		E-mail：		
地址（含邮编）					
贵校已购本教材的数量（本）					
所需教学资源					
系／院主任姓名					

系／院主任：＿＿＿＿＿＿＿＿＿＿（签字）

（系／院办公室公章）

20＿＿＿年＿＿＿月＿＿＿日

注意：

① 本配套教学资源仅向购买了相关教材的学校老师免费提供。

② 请任课老师认真填写以上信息，并**请系／院加盖公章**，然后传真到（010）80115555转718438上索取配套教学资源。也可将加盖公章的文件扫描后，发送到fservice@126.com上索取教学资源。

電子工業出版社
PHEI PUBLISHING HOUSE OF ELECTRONICS INDUSTRY